心のふれあい

Copyright © 2001 Revised Copyright © 2015

by

Keno Mapp

Translated by Cocoro

All rights reserved.

No part of this book may be reproduced or transmitted in any form or by means, electronic or mechanical, including photocopying, recording, or by any information storage and retrieval system, without the written permission of the Publisher, except where permitted by law.

For information address:

www.wondernotepublishing.com

First Printing. Printed on Acid-free paper and produced and bound in the United States of America.

FSC, SFI and PEFC Certified

Place of publication San Francisco, California

Photos by Jim Dennise, Dano Perez, Tracy Bartlow, Cocoro & Keno Mapp

Cover Design by Cocoro & Keno Mapp

ISBN: 978-0-9768518-8-2

0-9768518-8-1

Library of Congress Control Number: 2015902436

本書の無断転写・複製・転載を禁じます。

www.wondernotepublishing.com

www.facebook.com/wondernotepublishing

www.facebook.com/kenomapp

www.mooremapprecords.com

Take Wings...

心のふれあい

❄ *Heart Touch* ❄

By Keno Mapp

Translated by
Cocoro

それはみんなが通る道

太陽が眩しい日もある

どしゃぶりの雨の日もある

この惑星で

迷子になるのはカンタン

本当の自分

抱きしめてあげられなかったら

翔ばたける自分

忘れてしまう

Bestdays,
Keno

目次

1 Dream　　夢

Crazy Dreams	クレイジーな夢	2
Sandman	サンドマン	4
Dreams	夢	6
View of Love	愛のカタチ	7
I had a dream	夢があった	8
A Gift	贈り物	10
Out there	離れた所で	12
Run and Hide	逃げて　隠れて	13
All will be	すべて　自然になる	15

2 Fly　　飛翔

Angels	エンジェル	17
Sunbeams	太陽の光	18
Be proud	自信を持って	20
Fly'in	翔ばたいて	21
In God We Trust	神様　信じてる	22
Poetry End	詩の結び	24
So Much Life	幾千の人生	25
Did you know	知ってた？	26
Mother's mother's mother	ひいおばあちゃん	27
Still your flower	君の花で	31

3 Life　　　　命

Beauty within Beast	獣にひそむ美	33
In touch	触れ合い	34
Blown	吹かれて	36
Directions	行き先	37
Auntie	叔母さん	38
Prosperity	繁栄	40
Sweetdreams	甘い夢	41
Mommy	母	42
Bgood	ビーグッド	45
America	アメリカ	47
Here is a Place	ここがその場所	49
No answers	答えがない	51
The Buffalo	バッファロー	54

4 Heart　　　　心

Keep the faith	信じつづけて	57
Will Not Falter	くじけないで	59
Go on	進んでゆこう	61
Art surrounds	アートに囲まれて	62
Space	空間	64
Winter is Coming	冬が近づいてる	66
So Maybe It's Not Me	きっとオレじゃない	67
New Borns	新しい命	69

A day Without	それなしの一日	72
No Dream	夢がない	73
Good vs. Bad	善と悪	74
Easy	ラクに	76
I am clear	僕はクリア	77
Mine Mouth	自分の口	79
I Shall Sing	僕は歌う	80

5 *Love*　愛

Just Words	ちょっとしたコトバ	83
Viva Amour	ビバ　アモール	84
Soulmate	ソウルメイト	85
Love and Aloha	愛とアロハ	89
Only Dreams	夢だけ	90
Eggs in the snow	雪の中の卵	91
Flower Bed	フラワーベッド	92
How and Why	いかに　なぜ	93
4 those that love	愛する人たちへ	95
Love, love more	愛　もっと愛	97
So Hard	すごくツラい	99
Music is	音楽は	101
Food and Water	糧と水	102
Left Handed	左きき	103
Mistakes	間違い	104

6 Butterfly   蝶

Thanks for u	ありがとう	108
Fallen Angels	堕天使	109
Next Time	またの機会に	112
Lost and Found	なくした みつけた	114
Ripe Fruit	熟した果実	115
Smile	笑って	117
Had a Wife	妻がいた	119
Tender maps	優しい地図	120
Desert Flower	砂漠の花	121
Another Step	また一歩	123
The Gardener	庭師	125
Much More	もっと もっと	126
Well, who	誰だって	128
Love is like trees	愛は木のようだ	129

7 Bullet   弾丸

Innocent Children	無邪気な子供達	132
My Prison	牢獄	134
Monsters	モンスター	136
No Dicks	イヤな人はゴメンだ	137
Some ye	あるウソ	138
Love, right?	愛 だろ？	139

My Skin	僕の肌	141
Who's True	誰が正しい	143
Cars	車	145
Mercy	情け	147
No smell	匂いがしない	148
Here I am	ココに居る	149
Stuck in place	いきづまり	150
Agony	苦しみ	152

8 Stars　　星

Sun Break	太陽のお休み	155
There's life	ここにある人生	156
A star	スター	158
Her baby	彼女の赤ちゃん	159
Wonderful day	素敵な日	161
Water	水	163
Don't Cry	泣かないで	165
Us	僕達	166
Child's Giggle	子供のくすくす笑い	167
Me	自分	168
Sleepy	眠たい	169
Hold On	しっかりして	170
I am me	オレは俺	171
Mother told me	母が教えてくれた	172
The Instrument	インストラメント	174

Adam	アダム	*176*
Getting Hard	ツラくなってきた	*178*
Mother's Arms	母の腕	*180*
Close Your Eyes	目を閉じて	*181*

9 Lovers　　恋人

So What	だから何	*183*
Romeo & Juliet	ロメオとジュリエット	*184*
Hold my Hand	手を繋いで	*186*
Can't	できない	*187*
The lucky Ones	ラッキーな人	*188*
Keep Us Warm	あったかくしてくれる	*191*
Lastnight	昨夜	*192*
Beata	ビアータ	*194*
By My Own Hand	自分の手で	*197*
Roses are Red	薔薇は紅	*198*
What I would do	なにしようっかな	*199*
I wish you Love	愛を祈ります	*201*
Talk to me	俺に話しかけて	*202*
Could it be U	ひょっとしてキミ	*203*
Love them	彼らを愛して	*204*
Just left	行ってしまった	*206*
Careless	ケアレス	*207*
I love her	彼女を愛してる	*208*
Missed you	君が恋しかった	*210*

Be still	じっとして	211
Spank Me	おしおきして	212

10 Sex   性

Give Thanks	感謝する	214
Sharing	わかち合い	215
Say babe	言ってベィビー	216
Nothing...	何も…	218
Faith Alone	信じるだけ	219
For I miss	恋しいもの	222
Dinner	夕食	223
Morning	朝	224

11 Tears   涙

Own Tears	自分の涙	226
Love your Heart	あなたのハート愛してる	227
Faith	信仰心	229
The Dark	暗闇	231
Don't give up	あきらめないで	232
Promises	約束	234
Hearing Heals	ヒールの音が聞こえる	235
Matters not	関係ない	237
Where do we go	オレ達 どこに行く	239
Never Over	もう二度と	241

Got to fly	行かないと	243
Sometimes	ときどき	245

12 *Planet*　惑星

Who Are You	あなたは誰？	247
Harvest	収穫	248
Home	家	250
More	もっと	251
Our air	僕達の空気	252
Start today	今日からはじめよう	253
Ever so clear	かつてない程クリア	254
Funny	おかしい	258
Dirty Streets	汚れた通り	259
Be Counted	一員として	262
Oneself	自分自身	264
Our Mother's Child	母の子供	265
Closed doors	閉じられた扉	267
Senseless Murder	無分別な殺人	268
Planet Round	巡りゆく惑星	270
Heart Touch	ココロのふれあい	272

You need you...

大切なのはあなた…

夢

Dream

1

Crazy Dreams
クレイジーな夢

僕と一緒に手を繋いで
あなたの時の中から
歩み出してごらん
潮風も　山の頂きも　飛び超えて
自由な風に乗って
あなたの大地の上を翔ばたいてごらん
いつか　夢は　叶うと　信じてごらん
初心や夢
あきらめなくたっていい
意地悪な人の話
聞かなくていい
あなたが進む道に
地図はいらない
誰もそばにいなくても
サイコーの一日　迎えられる
子供の頃から暖めてきた夢に
ココロの居場所
見つけてごらん
まわりがうるさすぎて
消えかけた夢だって
ホラ　まだそこにいる
まだできる

手が届く
頼る人すらいなかった
あの頃　想い出して
夢
願い
すべて自分で作ってきた
巡りゆく日々の中
カタチが変わったかもしれない
重ねる年月の中
あやまちに気づくかもしれない
過ぎゆく時の中
自分の道を歩めなかったら
ナイフのように
冷たい人になってしまうかも
Why should it be?
Why let your dream go?
夢は自分のすべてだった
最初からわかっていた
たとえクレイジーな夢でも
追いかけてみよう
もう後悔したくないから
So dream

Sandman
サンドマン

流れゆく時の中
清らかなココロから溢れる涙が
海と大地にこぼれゆく
サンシャインとタンポポに
励まされながら
この地球を歩みゆく
神様の子供達
シンプルな空気の香りさえあれば
今日　息ができる　幸せに
胸　弾む
ちょっとした心づかいと思いやり
とても大切なコトだから
忘れないで
迷ってばかりいて
逃げてしまう人もいる
何事にもオープンで
チャンス　抱きしめて
人助けしてゆく人もいる
空にまたたく
すべての星たちに
メッセージを追い求めたり

限りある時の中
答えを出せなかった人々が
残していった穴の周りを
辿りゆくこともある
血と涙が綴った道を過ぎゆく時
ふと想う
もう手遅れだと気づいた時
どんな気分だっただろう？
全然　平気だった？
嵐が過ぎ去る明日こそ
すべて　うまくいってほしい
僕達　これからも　ずっと
神様の子供達を
応援していきたい
歌と食事を　分かち合い
誰かに聞いてもらいたくて
たまらない話に
心ゆくまで　耳を傾けたい
ひっそりと眠りについたみんなが
幸せな日々の夢を見れる日まで
背中をさすってあげたい
一生懸命働いたサンドマンのおかげで
みんなが健やかに眠れるようになる時
僕達　はじめて仕事場をあとにするんだ

Dreams
夢

夢なんてある？
今　やけに不思議になる
いつしか時に流されて
昨日の面影ばかりが
ちらつきはじめる
子供の頃のまなざしで
ふと外を覗いてみると
なんだか　すべて
夢だったような気がする

View of Love
愛のカタチ

なかなか夢が叶わない現実を知った眼差しで
みんな　この地球を歩いてる
できるだけ前向きでいこうと
自分をプッシュしながら
みんな　がんばってる
でも時ばかりがイタズラに過ぎ
何一つ変わらない現実に
失望して
ココロの灯火となった宝物
見失ってしまうこともある
自分らしくいるためにも
これまで学んだこと　けしてムダにしないで
自分のすぐそばにおいてあげようよ
愛はかけがえのない宝物　けして変わらない
そのために長い間　戦ったこともある
これまで出逢った人々や　出来事に
ごくありふれた愛のカタチがいいと
教えられることもあった
でもなんか違うモノ　感じるから
自分なりに生きてみたいんだ
Signed, Love at 1st sight（一目ぼれ）

I had a dream
夢があった

お花畑のような道ばたで
大きな愛に囲まれて
待つ心を知る人が
蜜のように甘いキスをしてくれる
夢があった
彼女と一緒に手をつないで
仲良く砂浜を散歩していると
犬や子供がじゃれ合ってくるような
夢があった
時の流れに乗って
新鮮な野菜を
ぽんっと庭から引っこ抜くような
夢があった
完熟した甘い梅の果実を摘んで
降り注ぐ太陽の日差しを浴びながら
ごろんと横になるような
夢があった
水平線に靡く波の音に耳を澄まし
虹色にはじけ飛ぶ　水しぶきが
目の前を霞めながら
ひんやりと顔を冷やしてくれるような
夢があった

僕を慕ってくれる
誰かと恋に落ちる
夢があった
みんなが思いやりながら
尊重し合って
平和に暮らす土地の
夢があった
一日を楽しく過ごした子供達が
いつか立派になれる自分を
夢見るような
夢があった
かなしくて涙するよりも
うれしくて涙するような
夢があった

I had a dream.

A Gift
贈り物

アート
人生の宝物
オレの真髄
赤い血の色
いろんなコトやヒトに
この光がもみ消されそうになっても
守られ続けた
この道を選んで
友達も
金も
彼女すら失っても
自分の道だけは見えたから
涙を枯らすことはなかった
人生の終わりに待つ
とっておきのご褒美
誰も教えてくれない
誰にもわからない

たとえ人生を棒に振っても
夢　追いかけて
それ以上　なにも求めない

こんな想いを
説明してくれる人は
時に誰もいない

男として生まれたこと
それは自分の真実
天命へと
導かれてゆけますように
その道なりで
授かる贈り物
これからも　ずっと
あなたと分かち合っていきたい
この贈り物の一部は
きっとあなたのモノだから
日々の生活に
涙がこぼれてしまうトキ
この贈り物が
いつかあなたのココロに届き
魂のチカラと
真実を
見せてくれますように

Out there
離れた所で

離れた所で暮らしていても
僕のコトバ
聞こえると思う
自分の髪と戯れるキミがいた
夢のようなあの頃
まだ忘れられない
壁に貼られた
キミの写真
今はそれだけが
すべてを物語る

Run and Hide
逃げて　隠れて

今　何しよう？
鹿のように跳ねながら
デカい銃を振りかざす連中から
逃げる？
たとえ無意味な日々を送ることになっても
男らしく　きっぱりと覚悟を決める？
ここって安全？
ふとした疑問に
『涙』
ありのままの自分でいたい
そうしたら人々の役に立てる日が訪れる？
ビッグな世界を走り回る
モンスター達に
心から悩まされる時もあるけど
いつも　願うことは
真実と愛

ありのままでいたい
ボクにも
太陽が降り注ぐ日がたくさんあると
キミに知ってもらいたい

やっとみつけた幸せ
そっとしておいてくれ
たとえ遠くに見えても
愛
信じたい
僕たちのめぐり逢い
それはきっと天使の計らい
そうとしか考えられない
So, welcome.
ボクのココロが
やさしい居場所になれますように
キミが幸せでありますように
この願いがキミと一つだったら
最高に嬉しい

All will be
すべて　自然になる

目を閉じて

ココロとソウルに

僕を感じて

このリズムに

委ねてごらん

やがて

すべて

自然になる

いつだってそばにいるよ

信じてほしい

冷たくみえる時も

あるかもしれないけど

ココロの中はぜったいちがう

そう胸に留めて

眠りにつくあなたのうたたねが

永遠にスイートであれ

With love

飛翔

Fly

2

Angel
エンジェル

遥か彼方
二人のエンジェルが
この世に生まれた
一緒に遊んで
飛び回って
悩める人々の願いごと
叶えてあげた
嵐の日には
愛し合う友達同士のように
かくまってあげた
燦々と降り注ぐ夏の太陽が
やけに眩しかったあの日
友情が育んだ
愛情と　感謝の花に
囲まれた二人が
唯一　できたことは
永遠に捧ぐ
KISS

Sunbeams
太陽の光

喜びに溢れる人々が歩む道
輝かしい太陽の遊び場
この先に待つチャレンジと戦いながら
自由な愛を育む場所まで
お花の絨毯がのびてゆく
雨の日や悲劇が
ここから去るよう
諭すトキもある
はぐれそうになって
涙するトキもある

なにか生きがいを感じながら
素直に生きてごらん
夢はかんたんに
吹き飛ばされたりしない
ベッドから起きあがる瞬間だって
いつも一緒にいてくれる
自分のコトバに
耳を傾けてみよう
人生に縛られて
すべてを投げ出さないで

充実した日々のためにも
なにかご褒美がもらえるよう
生きてみよう
今日という日に
もうちょっとシュガー加えて
スイートな経験
幾千の可能性と
みんなが待ち望む神秘に満ち溢れた人
太陽の光を辿ってごらん
それ以上　クリアなものはない
僕の友達として
自分らしくいて

Happy

Happy

Happy

そうしてみよう…

Be proud
自信を持って

自分のアクションに　自信を持って
それがすべてだから
ココロから望んだら
いつか星にだって　片道切符で跳んでゆける
幸せな場所に
連れて行ってくれるなら
足踏みしないで　自信を持って
まわりの言うことに振り回されないでいこう

自分のアクションに　自信を持って
それがすべてだから
最後まで一緒にいられるのは
自分しかいないから

仲間にも　自信を持って
泣かなくていい
恥じらわなくていい
お母さんもそういってくれた

自分のアクションに　自信を持って
Be proud

Fly'in
翔ばたいて

僕の瞳から
溢れ出すエネルギー　感じる？
コントロールして
抑えて
無視して
それは不可能！
もう止められない
こっちを振り向いて
この瞳の彼方にようこそ

僕と翔ばたいてゆこう
fly'n
fly'n
自分を解放して
一緒にゆこう
きっと翼を得た鳥のように軽くなって
雲の上にだっていける
遠くまで翔ばたいてゆこう

愛の翼にのって

In God We Trust
神様　信じてる

無意味なコトバって何？
Love love more がない愛って何？
花がない春はどんな人生？
人生は人生
それ以上のものを期待しないで
残念ながらハードな人生は
訪れることだけでは
わからないこともある
食べる物がちゃんとあると
飢えに嘆く人々のこと
忘れてしまいがち
夢ばかり追いかけて
悪夢なんて知らない人もいる
たとえ自分が人より裕福でも
人は皆　平等と
心得ていたら
えらぶることじゃない
仲間同士の理解
友達への思いやり
溢れる愛
心からのコトバ
In God We Trust.

ささやかな贈り物でも

とても大切なものもある

些細なことでも

忘れちゃいけないと

神様はちゃんと知ってる

愛してるのに

それ以上　愛せない

それが　一番　最低なことさ

今日にベストを尽くして

愛するよりも

曖昧に過ごす日々

ある人の日記は

他人にとって

ただの落書きかもしれない

でも

ある人の愛は

その人のすべてなんだ

この神秘を知る日まで

ムズかしく聞こえるかもしれない

でも

震撼することは

きっと　できる

Poetry End
詩の結び

オレ達のココロに眠る詩
どんなチカラにも止められない
強いられることもなく
創りだすこともなく
与えられることもなく
取りあげられることもない
真実のコトバを語るミュージック
明日は　一生　明日
もっと　もっと　成長して
いつも全力投球
曲の中の詩
世界を結び
呼吸する柔らかな空気に溢れ出す
一生のソウルメイト
自分のため　自分のもの
コトバに躍るサウンドが
いつまでも鳴りつづけますように
命ある限り

Poetry in Motion 2001
NN Train Berlin

So Much Life
幾千の人生

幾千の人生　みんなに溢れてる
神秘に彩られて
本当の自分　解放しながら
翔ばたく自分　感じてごらん
答えはぜんぶ自分の中にある
ムリに背伸びしないでいい
もう悩まないでいい
奥深く魂を見つめたら
思わず目をつぶりたくなる程まぶしい
あなたの輝きが　いつもキラキラしてる
あなただけの特別なパーツ
自信を持って　身につけてみよう
哀しくなったら　歌ってみよう
きっと気分が上がるさ
自分　見失いそうになったら
より深く　自分　見つめ直してみよう
魂に眠る　本当の自分に　きっと出逢える
幾千の人生　みんなに溢れてる
神秘に彩られて
自分を信じて　本当の自分　解き放って
My friend　翔ばたくために

Did you know
知ってた？

明日について
何を語る　My friend?
まだ鏡に映る自分に偽る？
まだ人生のショーの中にいる？
それぞれに
違いを生みだすチカラ
あること
Did you know?
たくさんの愛で
この空気感
みんなで
きっと明るくできる
Did you know?

人として
オレたち
何かを変えていける
たくさんのチカラがある

Mother's mother's mother
ひいおばあちゃん

君へと降り注ぐ光
生命の息吹　感じながら
カラダの奥から呼吸してる
今まで一度ももらったことがない
甘いキャンディーをなめるように
人生をエンジョイ
自分の中にいても　外にいても
いつも正確に　走り続ける
寒くても　暑くても
金持ちでも　疲れていても
君は行く
心の灯火に勇気づけられながら
贈り物のように手渡された日々を
生きてきた
本当に幸せ者なんだよ
長い間　暖かく見守られ
エゴのかけらもなく差し出された贈り物を
いつも受け取ってきた
その光が子供になって
喋れるようになって
歩けるようになって
呼吸できるようになるなんて

誰にもわからなかった？
その光が君になるなんて
誰にも想像がつかなかった？
これは君のひいおばあちゃんが
教えてくれた　事実なんだ
あの始まりの時に宿った愛から
生まれてきた光が　自分達となるなんて
時として　信じがたい
この命は
ほとんどの人々にとって
一度も受け取ったこともないような
かけがえのない贈り物で
宇宙の静寂の彼方
星となって輝いているとしたら
そう捨てたもんじゃない
もしかして
贈り物
愛
物語を彩る　ステキな魔法を
忘れてしまった？
でも何一つ間違ってないと
教えてくれる　ひいおばあちゃんも
まだ生きている
信じつづけて
友達のお母さんが　そう教えてくれた

彼女の声音から感じた
人生への愛　深い理解
それはただのコトバじゃなかった
彼女の一言一言が
純粋な真実を語ってくれた
時と共にいろんなことが解ってきて
立派に成長した自分の息子の姿を見るたびに
これまで大変なこともあったけど
よくやってきたと実感する彼女の声は
いつしか　かすれ声になっていた
彼女が語ってくれた教え
人生の大先輩からの贈り物
信じつづけて
もし自分を見失いそうになったら
あなたの願いを十字架に捧げ
そっと置いてきたらいい
僕達の吐息の向こうで
ハミングバードが翔ばたく時
たえず回り続ける地球を
足元に感じる時
涙もこぼれる
最後に残るのは
これまでの道なりで途だえた無償の魔法
警告もなく
クレイジーな出来事と

日々　向き合う　人間も大変
恐竜よりも長く生き残ってきた
知恵もある
でも神様から授かった贈り物を
うまく活かせなくて
人間の偉大さを誇りに思えない時もある
辺りを見渡すと　何が見える？
どんな風に贈り物を活かし
どんな風に費やしてる？
もう一度　信じてごらん
とっても素晴らしいことさ
未来の子供達のために
明日の糧を分けてくれる
もっと　もっと　自分達を　育ててくれる
Love, love more.
簡単だろ？
Love, love more.
自由にしてくれる
You, me. You, me
Love, love more

Still your flower
君の花で

君の花でいられたら？
一緒に楽しい時　過ごせたら？
恋してる時でさえ
灰色空が広がる時もある
Yes, you are my love
ステンドグラスのような眼差しで
君を見つめた瞬間に
ハートが感じるさざ波のように
くるくると人を振り回し
夢中にさせる
君はこのハートを奪って
秘密の小箱にしっかりキープ
何年もの埃が降り積もった
ポケットの底に隠しちゃった
ここが君のお気に入りの場所なら
このまま居てもかまわない
温もりがあって　居心地いいけど
君の花でいられるなら
たまには息をさせて
太陽の光
見せておくれ

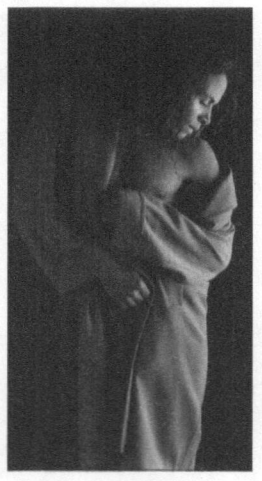

Life

3

Beauty Within Beast
獣にひそむ美

獣にひそむ美
輝かしい星への恐怖
語られない神秘
時に　忘却の彼方
Love me not
Say me no friends
波立つ水　流れも荒い
道を知りたい時
たった一つの道標さえあれば
大丈夫さ
もし迷ったら
いつも北に向かって
月と銀河を辿ってごらん
永遠にあなたの旅路を　笑顔で見守りながら
沈む夕日を見続ける
とても素晴らしい人生が
香しいあなたを待っている
お母さんが誇りに思うくらいステキな人
あなたのかわりはどこにもいない

だから　忘れないでいて…

In touch
触れ合い

触れ合い
人との触れ合い
繰り返すままの日々の中
流した汗の分だけ
おとなしくなって
ぼやけはじめた魂
そんなトキ
いつも元気をくれた音楽や
あの頃の夢を思い出す
キミはスター！
Didn't your mama tell you that.
目の前で揺れる疑問が
ちょっとでも明日を見せてくれたら
きっと もっと 自由になれる
笑い飛ばしてもかまわない
でもキミの仕事は
知らず知らずのうちに うまくいってる
結論ばかり 急いだら
やり遂げられないまま
現実に引き戻されて
じろっとにらまれるぜ

Mad, mad world,
ルールを知ってるのはキミ…
人生が迎えてくれるように
受けとめてごらん
くじけないで
欲しがらないで
頼らないで
すべて自分のことだから
ごく身近なこと
この地球で　人々が暮らしてゆくためにも
キミの仕事だけは信じてあげよう
普段　何気なくしている雑事だって
自然の成り行きのお手伝いをしてくれる
もっと理解できるよう　育ててくれる
どんなことも
こわがらないで
いやがらないで
チャレンジしてみよう
とびっきりスイートな
あなたのミュージック
自分と　ハートと
夢を聞いてあげられるかぎり
ずっと鳴り続ける
永遠に

Blown
吹かれて

流れに身をまかせ　独り漂いながら
あてもなく風に吹かれてく
情け容赦なく岩に叩きつけられ
嵐に巻き込まれてく？
吹きつける雨は
僕の顔を真っ赤に染めながら
頬をつたう涙を隠してく？
岸に洗い流され
荒れ地に取り残される？
穏やかな水に辿りつける？
澄みわたる蒼色
ミステリアスな彼女の神秘を
映し出す
僕たちの頬に託された
誠実で
やさしいキスだけを胸に
奥ゆかしくて　潤いあふれる彼女の魂に沐浴する
この先　どこに吹かれてく？
この旅路の果てに辿りついた時
どこまで清らかな人になれる？

Directions
行き先

道　小道　細道を歩んでく
楽しい憶い出　ツラい憶い出　描いてく
立ち止まって泣きだす人
立ち止まって語りだす人
愛着深いもの　思いだす人
憶い出のほとんどは　生涯　すぐそばにいる
中には　先が見えなくなって
まっすぐ歩けなくなるものもある
憶い出から遠ざかりながら
進んでゆくのは　何故？
背を向けずに
立ち止まり
振り返ってみてもいいじゃないか？
時に憶い出は
ウソが下手な鏡のようで
面と向き合うのが怖いのかもな
鏡ごしに自分を見つめると
ゴーストのように揺れる昨日が浮かんでくる
今まで歩いてきた道　小道
きっとずっと　あなたに続いてく
きっと憶い出は　生涯の物語

Auntie
叔母さん

叔母さんへ
これが最初の手紙なんて
ちょっと悲しいです
きっとすみませんって一言から
始めるべきですね
昨日ならきちんと送れたはずなのに
もうどこにも送れなくなってしまいました
叔母さんが元気に天国で過ごしておりますよう
いつも祈ってます
ボク　叔母さんのすべてが大好きでした
まわりがどんなに暗くみえようと
いつもあなたは
信じる心を教えてくれました
叔母さんから学んだお祈りは
どんなに時が過ぎても
かけがえのない宝物です
叔母さんに逢えなくて
本当に寂しいけど
あなたから学んだ
素晴らしい教えを心の糧に
励んでいきたいです

ボクのミュージック
気に入ってもらえたら嬉しいです
ボクの曲を聴いてもらって
叔母さんの意見を聞きたかったです
もう送る住所すら
なくなってしまいましたが
この手紙が
いつかあなたのもとへ
届きますように

Love you Auntie

Prosperity
繁栄

大らかな海　新鮮な潮風
こわいものなしで　子供達が追いかけっこしてる
たとえ一瞬でも
無邪気な笑い声が聞こえてくる
みんな夢がある
彼らと彼らの子供達が
この惑星で　成功できると信じてる
大変だけど　そんなに大変じゃない
誕生と　家族の繁栄となって
人生は謳歌されていく
いろんな問題が目の前に立ちはだかることもある
誘惑　恐怖　愛　戦争
人生を惑わせる
道がわからなくなった人もたくさんいる
残念ながら僕の回りには
複雑な家庭に生まれた子供達もたくさんいる
だからあんなに甲高い声で笑うのかもしれないな
正直な話
アラミダビーチで大はしゃぎした子供達が
今晩　安らかに眠りにつく様子を想う方が
ずっとラクだなぁ

Sweetdreams
甘い夢

いいとか悪いとかいったのは
誰だろう？
戦争のあとに泣き
昇る太陽と　歌を口づさむのは
誰だろう？
昨日の波に打たれながら
果たせなかった過去の願いに
揺れるこころ
タンポポの向こうに沈む太陽は今
輝かしい明日のために
タンポポを休ませてあげてる
透き通るように蒼い海が
やさしい潮風のささやきと
こころからの Big Kiss を
僕の顔中に浴びせかける
ありがとう
あなたの髪にキラめく太陽と一緒に
これからも　ずっと
あなたが目覚められますように

Goodnight

Mommy
母

今　母の気持ちがようやくわかる
３人の子供のためにパンをかき集め
一軒一軒　家を回りながら
いつも断られ続けた
子供達の安全と　ぬくもり　守りたくて
毎日　アスファルト　踏み続け
一夜のチャンスを探し求めた
明日の食事の心配ばかりしていた
クリスマスツリーを
飾りたてられるかしら
明かりを灯し続けられるかしら
誕生日のケーキを作るなら
子供達の年の数だけ
キャンドルを飾れるかしら
そんな悩みを抱えていた
神様に助けを　天に答えを　求め続けた
あきらめないで
やがて　すべて　うまくいくよ
彼女を励ますささやきが
心の奥から消えることはなかった
まだ見ぬ何かを信じつつも

現実から逃げだしたくて
酒に溺れ　不誠実な愛に溺れた
どんなにささやかなことも大切だったから
ちょっとした心づかいにも　喜びを感じていた
そんな苦しみの向こうで
子供もいなかった頃
幼い少女だった頃
母に言われたコトバを
かすかに思い出していた
とても美しく
ステキな人になって
いつか翔ばたける…
ずっと信じていたそのコトバが
ウソだったなんて
聞くに耐えなかった
待っていた現実は
Mr.グッドバーのもとで送る
つらいストリートの生活
チャーミングな王子は
キャデラックを乗り回すならず者で
ドラゴンのかわりに　彼女を叩いた
国からの援助金という贈り物を
受け取れる　唯一の日は
母の日

もし別の生き方があったなら
この人生を選んだ？
僕もこの道を進んだ？
何故？　何のために？
子供や孫達にちょっとでもラクをさせたくて
苦労をする？
でも彼らの幸せに保証はない
遠回りの人生
別の道があったかもしれない
今　ここに一人佇みながら
母と自分への涙がうかぶ瞳と心で
すべてを見渡す
母が果たせなかったこと
叶えてあげたい
よどんだ涙の河を
クリアなブルーの
ぬくもりある水にして
永遠に彼女が
水浴びできるようにしてあげたい
子育てに苦労した母のために
子供として　できるかぎりの
恩返しをしていきたい
Made with love,
Mommy (母へ)

Bgood
ビーグッド

ステキな人生
そう決めるのは誰だろう？
神様　母　友達？
きっとそれはあなたかも
あなたこそが
人生を真に信じる人
自分の人生をまっとうできたら
きっと最高の気分
大空に浮かぶ雲に
ゆったりと腰掛けながら
あなたの背中を追いかける子供達の姿を
こころゆくまで見届けられる
いつか成功する日を夢見て喜ぶ
子供達の笑顔に出逢える

僕にとって
それがステキな人生なんだ

Some understand,

And some just

don't.

America
アメリカ

アメリカの通りに響く足音　きいてごらん
アスファルトに燦々と降りそそぐ太陽
空気になぞられた想い
みんなの夢を癒してくれる
すべてが可能な土地だから
やけにエキサイティングな気分になる
お金持ちから貧乏人
ステキなフェンスに囲まれた家
いろんなカタチ　カラフルな車たち
生まれたての赤ちゃんの産声と匂い
ママになりたての人たちが
悲鳴をあげながら
生涯　学んでゆく声が聞こえてくる
あぁ　アメリカって素晴らしい
とっても偉大　そして冷たい
We truly have it all.
古い考えから抜けられない人達を見ると
やりきれない気分にもなる
ブラザー達は傷つけ合い
生まれた時から空っぽな夢を拾い集めた箱が
また別の名前で語られる
Senseless Murder is what I call it.

まだ間に合うけど
かなり出遅れてしまったから
時々　ため息もつく
これからの日々
もう下向かないで
それぞれの道　大切にして
人を傷つけたりしないで
生きてゆけたら
きっと　大丈夫だから
So thank you America.

Here is a Place
ここがその場所

ここがその場所
ふんわりと柔らかい海風が
そっと顔を撫でる
お母さんに抱きかかえられているような
ぬくもりと心地よさ
もう涙みせたくないから
今日　大事にしていこう
明日のこと
最後に旅立つ日のこと
想う日もある
キモチが明るくなるから
笑顔はいい
きっと僕にだって
なにかを変えられるチカラがある
ピエロなんかじゃない
理屈がみえなくて
盲目の道を選ぶ人もいる
ウソをつきたくなくて
瞳も口も閉ざしてしまう人もいる
でも前を見てほしい
泣きたくなるくらい　ツラくても
真剣でいてほしい

明日を生きるために
子供達に語り聞かせる
これまでのこと　話せない
道も　覚えてない
どこかで見失ったのかもな
これまで相手にしてきたウソの数に
泣き暮れていたのかもな
なんとかここまでこれたけど
疲れは隠せない
すべて終わりにして
飛び立って
叫んで
ぶちまけたくなる時もある
たとえ探し物が
酒のボトルとピストルであっても
いつか息子達が
キミのよさを
たくさん受け継げるよう
願ってます
たとえ儚い夢であっても…

No answers
答えがない

もう自分にウソをつくのはやめよう！
目の前にあるもの
大事にしていこう
自分らしさ　抱きしめて
トラックがきたら　身を守ろう
自分を迷わせ
行動を惑わせ
自分にウソばかりつく心に
耳を傾けないで
しっかり成長して
サイン　見極めていこう
きっと暗闇を照らしだしてくれる
魂のかけら達をあっためてくれる
時として　サインは　変えがたい現実
でも人生の大切な一コマだから
役立つときもある
楽しいばかりが人生じゃない
いろんなこと　見えてきたら
きっと　元気になれる
こわくなんてない　今までの人生で
人並み以上に

危険な道も見てきたし
味わってきた
ブルーな気分になったこともある
そうじゃなかったら
あの時　向かってきたトラックに
気づかなかったはず？
８４丁目から飛んできた銃弾を
かわせなかったはず？
感受性が強すぎて
世の中に泣けてくる時もある
みんなの成長と幸福を願う
助け合いの精神が
まだ足りない気がする
涙したり
立ち止まったり
振り向いたり
手を差しのべるには　みんな　忙しすぎて
世の中　うまくいかない
明日への不安がよぎると
怒りもこみあげてくる
僕の赤ちゃんに待つ挑戦を
心配するだけでいいのかな
でも似通った人生を薦めるガイドブックなんて
どこにもない

命さえ惜しまないくらい
貴重な黄金を求めて
みんな　宝くじをしてる
ジョンを背中に乗せて丘を駆け巡ったロバが
ご褒美に人参を食べさせてもらえるならまだいいか
宝くじは希望
でも　そればっかりだと
むなしくなる
フェイクな道　歩みたくない
たとえその日が訪れたとしても
この心だけは
守っていきたい

The Buffalo
バッファロー

自分の道を忘れないで
Crazy boy
冬には毛皮で親族を守り
部族のために肉を捧げたバッフォロー
けして忘れないで
山の頂上から
自分の名前を叫んでる
Keno...
鷲が鋭い目つきで
鏡を見据えてるヴィジョンを胸に
全力疾走で　夢の中　駆けぬけて
アロハ（ハロー）の心で向き合おう
通りに流された血を
忘れてしまった自分達
麻痺した感覚ばかりが残る道を
進むことはできる
あの白いバッファロー
思い出して！
永遠にあなたのもの
疑問だらけのこの世に生まれてきた
あなたのもの

One love　　ワン・ラブ
One survival　　ワン・サバイバル
One family　　ワン・ファミリー

太陽のように今日が光り輝く時こそ
心を飛び越す瞬間さ
神様に届きたくて
手を掲げ
吹き抜ける風に感じる
やるせなさ
暗雲を吹き飛ばし
すべてが和に治まるようなチカラを
僕にお与え下さい
Forever sunshine
神様がバッファローを
祝福してくれますように

心

Heart

4

Keep the faith
信じつづけて

Saving the world.

Saving men from themselves.

正直に人と向き合って　人助けの心を知る

なにか使命がある気がする

人々にもっと自由な風

届けるために　生まれて

それなりの犠牲も心得ている

たとえ長生きできなくても

子供達と離ればなれになって

切なさ募る日々が

待っていても

子供達の幸せだけは

祈ってやまない

彼らがゆく道なりに

いつも蝶がいてほしい

蝶に出逢える日はラッキーな日

道が見えヅラくなった時

支えてくれるスペシャルな天使に

生涯　感謝

時計の針が動くたび

まだゆとりがあるような気がする

日々　明るくなるよう
誠心誠意つくしたら
すべてうまくいくはずさ
迷える子羊たち
はぐれた子供
壊れたハート
人々を哀しませる戦争
暗がりの中
道を見いだせない時のためにも
母達は祈る心を
教えてくれた気がする
自分の夢　しっかり持って
毎日　ベストを尽くして　生きてごらん
めげないで
あきらめないで
まわりのいうことに
振り回されないで
しっかり！
胸　張っていこう！
きっと　いつか　すべて
やってきてくれるから
夢だけは　いつも　胸に
もしあきらめたら　あとがないから
Keep the faith

Will Not Falter
くじけないで

いつか訪れる人生のチャンスを
静かに待ち続ける
いじめっ子たちが
僕の太陽を
雲で覆うようなトキもあるけど
きっと自然が
その下に居る自分を
見つけてくれる
大きく一歩　踏み出して
標的はもうはずさない
自分の運命を決めるのは自分
走り疲れて
足取りもキツくなっても
今日という毎日を　謙虚に過ごしてる
神様を信じるように　自分　信じてる
音楽がない今日　あの人からの愛もない
真っ向から立ち向かう人生より
明確なヴィジョンがあるだけさ
待つのはかまわない
でも　魂の叫びは消えない
昨日までの人生と
遠ざかっていった顔達　覚えてる

ハードな使命に
疲れて　むなしくなる時もある
自分が解せない時もある
これまでの道なりで失ったものは
もっと見えない
my tears are heavy
今　振り返ってみると
本当の自分と
それ以上の何かを知るために
通るべき道だった気もする
この心だけは守っていきたい
いろんな工夫こらして
もっともっとステキな世界を
この手で描いてみたい
こう願う人々は
きっとどこかにいてくれるはずだから
大丈夫
一戦士として　上を向いて
行進していきたい
自分の努め　果たして
最後の一息　つく時まで
これだけは貫いてゆきたい
くじけないで

Go on
進んでゆこう

まだ見ぬ明日に向かって
進んでゆこう！
不透明に見える今日も
元気にいこう

まだ見ぬ明日に向かって
進んでゆこう！
振り向いて
家路につくために
ここにきたわけじゃない
たとえ目の前に山が立ちはだかっても
これまで満足してきた人生と友達に
別れを告げる日が訪れても
進んでゆこう
自分の道を
My way　My way
Regardless of what they say.
My way

Art surrounds
アートに囲まれて

So think,
うっすらと頭上に霧が立ち込める中
ちょっと寒気がして
腕に鳥肌がたつのを感じる
自分から溢れ出すアートと
それぞれの才能に恵まれた人々と過ごす日々
まるで他人のように歩く人もいる
でも本物を知る人々は
誰がここに属さないか　わかってる
チョイスではなく
信じることで
ゲームから抜けた人々
もし本物のアーティストなら
たとえどこにいても
アートと巡りあえる
平和と音楽を胸に
戦いに行進してゆく
戦士たち
純粋なアートのために結束して
最後まで大切に守りつづけ
支持してく
みんなが愛されますように

みんなが幸せになれますように
それはとっても自然な
ぼくたちの願い
いくら引き離そうとしても
これだけは引き離せない
愛とアート
とっても仲良しの兄姉
コミュニティー
愛
アート
固い絆で結ばれてる
心配しがちの自分達
ちょっと旅に疲れがち
でもポジティブに生きて
もっといろんな活動をしていくためにも
一生　努力を惜しまない
この世から去る日がくる時まで

Space
空間

時と場所を越えて
ゆとりのある空間があるといい
日常のわずらわしさから
解放されて
空気と　空間を
味わえる場所
恋人でもなく
親でもなく
誰にも縛られないで
人の教えなんて気にしないで
一人で涙を流せるような
自分だけの神聖な部屋
成長するための空間

なにか
美しいもの
いっしょに
つくろうよ

Winter is Coming
冬が近づいてる

春　爛漫
甘い花の香りが立ち込める
みんなの成長を心待ちにしながら
太陽の日差しが伸びてゆく
寒い日や　雨の日は　鳥肌ばっかりだけど
砂まみれになりながら　僕達がキスしたトキ
沈んでゆく夕日が　やけにくすぐったかった
あの頃　覚えてる？
全身全霊をこめて
キミのすべてを抱きしめた
あの寒い夜　覚えてる？
二人が愛し合ったトキ
宙に舞った秋の枯葉　覚えてる？
あの恋の季節
また訪れてくれるかな
冬が近づいてる
寒かったらどうしようって思うと
なんだか　こわい
キミと培った愛
このままであってほしい
僕のぬくもり　忘れないで　いつまでも

So Maybe It's Not Me
きっとオレじゃない

So maybe it's not me
きっとオレは家で
一番はっきりしてる奴
天国に立ち昇る花の香りに
思わず笑顔になる
本気で恋して
何万回と見た白黒映画で
また涙したり
自分より偉い人に
きちんと自己アピールできる
母親なしで
子育てして
愛情豊かな家庭を築ける
即興で 歌 作って
あなたに感動の涙も届けられる
表現力豊かなコトバに
自分 託して
人の目とか気にしない
いつか夢はカタチになるから
わかりきった事 無理強いしない
たとえこころがぼろぼろになっても

こわがらないで

また恋する

So maybe it's not me

たとえ白髪になっても

ディズニーランドで

子供のように　はしゃいだり

自分にふさわしくない道だと思ったら

振り返り

立ち去れる

肌の色や信条にかかわらず

人類に一つの愛

たとえ彼らが

自分のことも

オレのことも

愛してくれなくたって

かまわない

明日の花を咲かせてくれる雨に

生涯　感謝

So maybe it's not me

それは道を見失った人達の

雰囲気なのかも

For I remember…

New Borns
新しい命

試練が目の前にある
かなりデカいマカロニだ
ウソもなく
嘘つきもいないし
ハジもない
本当のアーティストだけが認められる国
それがアメリカ
プラチナのチェアに座る批評家達に
受け入れてもらえたら
ステキなご褒美が待ってる
あなたのコトバを世界中に広めることさえ
可能な人達だから
あなたの才能をグローバルに伝える担い手は
もっと世界を自由にするためにも
オレ達が天命をまっとうするためにも
とても大切なんだ
でも偉大な世界に招かれ
ポジティブに活動してきた人々の多くが
始めてまもない頃に命を奪われたり
オレ達の行く手をはばむように
悪い連中が　四六時中　動いていたり

大人や子供たちを
煽動する人がいないよう
目を光らせていたり
問題もたくさん
下品な言葉で通りを歩き
子供達は殺し合い
母親の目に唾をはき
生まれたての赤ん坊すら
捨てられてしまうような世界
ひとりぼっちな人
頬をつたう涙
空っぽなポケット
でも最後には
希望と　アロハがある
最前列に居る人達は
新鮮な香りや大切なこと
人々の額に刻まれたメッセージから
目をそらしがち
甘い花の影口をいいながら
しかめ面したりする
それを見抜けるのは子供達だけど
まだチカラが足りないんだ
お母さんの元へ這ってゆくのが
精一杯な子供達

目の当たりにすること
変えられないこと
暗闇の中
開けられたクロゼットよりも
お母さんがこわくて
泣きだしてしまう子供達
そんな子供達が
ようやく成長する頃
いつしか道を踏み外し
あやふやな世の中で
落ちこぼれてしまう
だからオレ　問いかけたくなる
どうしたら武器なしに勝てる？
どうしたらプラチナのチェアに座る連中を
澄んだ子供の瞳のままで
乗り越えられる？
答えがまだ見えなくて
これからの苦しみが見える今日
旅の途中とわかっていても
涙もこぼれる
でも涙で希望の灯火は消えないから
一つ先に進んでゆきたい

A day Without
それなしの一日

愛がない一日って
どんな日？
太陽の光がキラキラしてる？
頬をつたう雨だれが
しっとりとやさしい？
月明かりの中
透き通るように明るい小道が
新天地に導いてくれる
子供が初めて歩けるようになったトキ
屈託のない笑顔がほころぶ？
愛がない人生なんて
ホントに考えられないから
そんな日
やってこないといいな

4 me a day without love,
Is a life without meaning.

No Dream
夢がない

舞い躍る風
何年もの月日が吹き飛ばされてく
少なすぎる
遅すぎる
そんなコトバ聞きたくない
自分の使命は
きっと　いつか　叶えられるから
人の庭には　もう気をとられないで
聞いてもらいたいばかりの
お願いや　お祈りも　しないで
子供と一緒に
空気をわかち合いたい
まわりのしがらみから解放されて
この幸せ　抱きしめて
自分だけのサウンドに耳を沈める
忘れ去られたのではなく
自分で自分を見失っていたんだ
待ちに待ったゴールを目前とした今
誰も　神様すらも
主から授かった　この権利を
止められない

Good vs. Bad
善と悪

マスクをはずして
顔をみせて
弓矢のように
まっすぐ俺を見つめる鋭い目
行き先が見えてきた今
もう惑わされない
降りてこい　ライオン
こっちは準備万端
ようやく掴んだ
この真実が相手なら
きっと勝負にならない
時と共に塵と化して
忘却の風の彼方へ
お前が消えゆく間に
この真実は
天高く　遥か彼方　目指してく

ここに辿り着いた時
見えたのは　二本の道
最高のレベルで
真価を問われるからこそ
ゆるぎないモノ　持っていこう

Be ready my friend.
あなたの行動に比べたら
時間すら些細なこと
あなたの永遠に
決意することは何だろう？
もし誰にも声が届かなかったら
どんな風に語るだろう？
善と悪
紙に描いてみると
とてもシンプル
その教えのもと
生きる自分は誰だろう？
もし自分以外
誰も気づいてなくて
先行き不安な日々を行く時
何を頼りにしてゆくだろう？
みんなのクエストをガイドしてくれる
一冊の本があるとしたら
とても大切なモノだから
救いのコトバだけは
慎重に選んでほしい

Easy
ラクに

もっとラクにいけたら？
人生って　苦労の連続？
こころから愛しあって
すべてが大切なパーツだと
わかりあえたら？
暗がりの中でも　愛の光が道を灯していけたら？
みんなが　お互いを気遣いながら　いたわりあって
ひばりのように　自由に大空を飛べたら？
日々の生活がキツイ？
それともキミのせい？
ひょっとして閉ざされたキミの目には
まだ自分が見えないのかも
もしみんなで助け合えたら
ボクも　キミも
人生の醍醐味をきっと味わえる
一人の人間が世界を変えられる
だから　my friend
キミから始めてみないか
そうしたら
つぶれないですむ
もっとラクになれる

I am clear
僕はクリア

時の流れに乗って
成長してゆく
別な汽車から眺める
また別の景色
愛する人々の泣き顔の面影が
遠くに揺れる
日々の暮らしが落ち着かなくて
いまだに戦い続ける
思う存分空気を味わうような
ちょっとした余裕もない
背後から忍び寄る
ゴーストにビクついて
やけに　体が　麻痺してる
眠れない夜
でも大丈夫さ
一人の男として
素晴らしい人生　描き続けるパワーもある
僕を立ち止まらせたり
みんなのチカラを信じたいキモチを
踏みにじるような人がいたら
盾で追い払える

人として精を尽くして
先祖代々
培われてきた真実
大切に守り抜いていきたい
I am music!
かけがえのないルーツ
みんなに
ダイレクトに伝わってく
明日に向かって前進しながら
泣きたい時には
涙　隠さないでいい
I am clear.
僕たちが進む道を祝福して下さい
これからも無事でいられるよう
見守っていて下さい

With love...

Mine Mouth
自分の口

何らかのカタチで
世界の役に立てると思うコトバを
口にするのはなぜだろう？
偉大でもない
弱虫でもない
全然　人と変わらない
はじめて息をした瞬間に
宿った愛をいつも胸に秘めて
語り
歩き
気遣う
これまで培ってきた自分なりの経験と心が
このコトバになる？
通じ合える人はいる？
自問自答を繰り返しながら
自分の道
見つけてゆこう
その道なりで
いろんなことを
人とわかち合いながら
生きてゆけますように

I Shall Sing
僕は歌う

あぁ とっても神秘的
いろんな香りの人生たち
似ているようで　全然違う
数えきれないほど味わった人生の晴れ舞台で
足元に感じる
このフロア
ボクの吐息
超越してる
ずっとこのフロア　感じて
自分の歌に感銘する声
聞いてきた
そろそろやめたらと
つぶやく時の台詞や
他人のコトバにかかわらず
死ぬまでハートをおびやかす
発作にかかわらず
今　聞こえるメッセージは　スーパークリア
それは最初からわかっていたこと
世界中のステージから
叫ばれるメッセージについてゆくよ
ボク　歌うんだ…

ボクからキミへ

コトバの

贈り物

Words
Words
and
more
words
From me
to
you.

愛

Love

5

Just Words
ちょっとしたコトバ

愛する人と過ごすひととき
もっと大切にしよう
愛はかけがえのない宝物
簡単に見つかったり
石ころの下に転がってなんかいない
ワイルドな夢や
ファンタジーより
尊いエネルギーを
わけてくれる
あなたの歩む道なりに
愛が芽生えたら
しっかりと見つめてごらん
時はなにかを
与えてくれることもある
取り上げてしまうこともある
ずっと一緒にいると
ありがたみも薄れるかもしれない
でも恋する人がいなかったら
「アイシテル」というコトバさえ
ささやけないかも
Just words

Viva Amour
ビバ　アモール

空っ風がこころにしみるトキ
月はどこを向いてる？
指の隙間からこぼれ落ちる砂に
答えは見つかる？
I love!　I breathe!
恋のはじまりに感じるトキメキほど
とびっきりスイートな贈り物はない
明日に包まれてゆく昨日の夢
昨日の涙がたどる壁のしみ
いつの日も変わらぬ愛を祈りたい
人類にとって　かけがえのないモノだから
もっと愛して　信じあえたら
きっと　いつか　世界は変わる
やってみよう！　こわがらないで
やってみよう！
日々　新しいことを学びながら
成長するために　また一歩　前進
いつも愛があるから　人を傷つけたりしない
I want to love.　I want to stay.
ただ愛したい　No matter what you say!
Signed in love

Soulmate
ソウルメイト

とってもスイートな
ソウルメイトをみつけた
信じられない
こわくなる
でも果てしなくリアルなんだ
長すぎた道のり
君とめぐり逢える夢すら
諦める所だった
自分を捧げるたびに
感じた失望
重ねた挫折
数えきれない傷
このビッグな世界で
愛より　欲望まかせの彼女達
人生に負かされた売春婦のような気分に
なったこともある
彼女達には頼りたくない
渇望だけの夜はいらない
子供の頃から
君のやさしいキスを夢見て
甘いささやきを　耳元に感じてきた

時が満ちたら　いつか出逢えると
ひたすら信じて　待ちこがれた
人生の試練と　涙に打たれ
めぐり逢えるチャンスもないと
諦めかけたこともある
運命のちょっとしたいたずら
意思と　信仰心を試す
大変なことはわかってる
この世界に目をつむり
心の声のもと　生きられたら
きっと生涯のパートナーに
出逢える
幾年もの時を越え
自分の最後の時にこそ
運命の人へ捧ぐ口づけを
天が許してくれると信じてるから
ペンを持つ僕の手が
涙にふるえる

一緒に酔っぱらって
君の香り　感じて
笑って　抱きしめて
君の瞳　まっすぐ見つめて
一緒に子供を育てたいと　プロポーズ
「アイシテル」とささやいた

君もちゃんと聞いていた

また涙がこみあげてくる
ずっと探し求めていたソウルメイトから旅立ち
君を一人にしてしまった
どうしてこうなったのか
はじめはわからなかった
でも離ればなれになってみると
大切な人生の一歩だった気がする
たとえ一緒になりたくても
君はもう少し時間が必要だったかもしれない
永遠の前に
ちょっとだけ　二人に許された時間だから
迷いはない
君の心にも
このメロディーが
鳴り響いているコト　信じて
待ち続ける
友達
母
妹
恋人
妻
すべて君なんだ
一目惚れした僕の目に　狂いはなかった

たとえ正反対の世界にいても
いつもそばにいるよ
もうどこにもいかないよ
君は僕のパートナー
二人の絆
神様からの祝福
離れ離れの間
できる限りのことをして
永遠への準備をしてほしい
人は誰も完璧じゃないけれど
献身的な愛と
ステキな夢に囲まれた
平和な家庭を捧げたい
こころから満足してくれて
また寄り添いあいたいと願ってくれたら
ホントにうれしい
僕の運命の人
それが真実なら
君が心の声に耳を澄ますトキ
きっと僕に出逢える

Love and Aloha
愛とアロハ

夢のような経験

それが愛

あの甘いポイゾンで

ぞくっとくる瞬間

味わえたら

最高にラッキー

シアワセの種

みつけたね

愛とアロハ

Only Dreams
夢だけ

頼りになる夢
夢は叶うという願い
唯一　残ってくれたもの
この贈り物が大切に守られてゆくと
信じて
僕達にあるもの　捧げたい
相手を傷つけるような
キツい言葉や　わがままは　なしにして
この贈り物に
ココロからのありがとう　伝えたい
コトバを創造したエンジェルが
僕に命が宿った瞬間
愛という贈り物を　分けてくれた気がする
息をつくたびに
そのパワーが　全身を駆けめぐり　燃えあがる
My love　ためらうことなく
この贈り物　届けたい
キミに受けとめてもらいたい
この贈り物を授けてくれたエンジェルが
キミとめぐり逢わせてくれた今
もうすべてキミのモノなんだ　永遠に

Eggs in the snow
雪の中の卵

7月のなかば
ひっくり返らずに
ひなたぼっこしてる
雪の中の卵
無垢な輝きが
黄身の中で戯れる
ひなたぼっこしているうちに
雪だるまの足の方に
ぷるんとひっくり返っちゃった
そりが滑るように転がって
坂道ころころ
雪だるまの足も
通り越しちゃった
雪の中の卵

Flower Bed
フラワーベッド

愛の光に
花芽をほころばせる
深紅の薔薇
黒よりも光輝く紅が
まだ見ぬ場所と
忘れさられた想いと
消えゆく想いが
積もりゆく場所まで
道を照らしてく
ルール作りは　彼らにまかせて
これからは自分達を信じてやっていこう
愛がなくても
喜び　みつけられるというなら
妄想の砂漠を
彷徨わせてみよう
薔薇がなくても
生きられる
泣くことなんてないと
強がるなら
それでもいい
僕はこのぬくもりの中　生きてゆきたい

How and Why
いかに　なぜ

How and Why
愛は大切？
消えゆく心の痛み
How and Why
家の大きな窓や　庭の中
また太陽が輝く？
How and Why
また一歩　踏み出せる？
笑顔も　仁義もなく
凛々しく佇む
模範的な戦士のふりをする時もある
ここから逃げたくなくて
守りに入ってしまう時もある
自意識過剰な人々に押されて
傷だらけのハート　抱えながら
How and Why
また一歩　踏み出せる？
How and Why
こころの穴　埋めてく？
隣の人より
ちっぽけに見える

飾り立てることなく
ありのままの自分
受け入れてもらえたら？
Why can't they see me?　Why?
このまま枯れてゆくなんて
ツラすぎる
愛を大切にしていた
あの頃　尊敬されたこともあった
It is a good thing, my love.
きっといつか
輝き増すオレの色が
見える日がくる
でも今はまだ
本当の自分を
少しずつ隠しながら
しぼんでく
So, how and why
花が育ってゆけるんだろう？

4those that love
愛する人たちへ

キミのアクションが
相手を傷つけてる
そう気づく瞬間
ステキな未来への
一歩が生まれる
でも認められないまま
無視されたら
痛みは止まない
愛もここに留まれない
これ以上　強くなれない

なぜ愛のために

戦わなければいけない？

Love, love more
愛　もっと愛

愛遠き世界の中
まだ自由になれない
激情まかせの人生
つぶれそうになる
空を飛ぶ　鳥のさえずり　聞くような
暇もない
公園のベンチに　独り　腰掛け
叫ぶコトバは　Love, love more
What can't we see?
自由と活気に満ちた人生より
怯えながら　あやふやな日々を行く?
足下に横たわる　ハードな大地に
立つには　まだ柔すぎる
Unable to change, unable to see
Love, love more
そう叫び続けたい　いつまでも
いつの日か　俺達の心の涙が　神様に届き
新しい扉を見せてくれますように
愛なしの生活　本当にツライ
その魔法こそ　俺達のすべて
立ち止まって　赤ん坊の泣き声　聞いたら

きっとわかる
Love, love more
永遠へと翔ばたく翼を　勇気づけてくれる
この贈り物がなかったら　つぶれてしまう
ひいおばあちゃんのコトバ
もう一度　思い出して
自分のアクションすべて　信じてあげよう
たった３つのコトバだけど
聞いて下さい
Love, love more
鳥のように翔ばたいてゆこう
あやふやな日々に　終止符
それは人生じゃないから
人生はもっと尊いものだから
もう一度　見つめ直して
しっかりケアしていこう
輝かしい未来のために
Love, Love more
ベルを鳴らそうよ
この素晴らしい生き方を
みんなに広めてゆこう
もっと愛を　今日という日に
こころから

So Hard
すごくツらい

あの恋の季節に
感じた香り
覚えてる
亀のように
ゆっくりとうごく
澄みきった春の空の果てまで
舞い上がり
二匹のイルカが
遠く　高く
飛び跳ねながら
キスして
果てない水と
夢の彼方に
流れていくようだった
あんなに愛おしく思ったものは
どこにいったんだろう？
なぜ忘れてしまったんだろう？
いつしか時に飲まれたコトバ
僕と共に凍えてしまった
この駅に立ち尽くす今
キミが迎えに来てくれる日を
ひたすら待ち続ける

真実が見えてきて

いつの日か

自分という現実になることも知っているから

せつなさも募る

「オマエは昨日を省みないし

よくわかってない人々のことを軽くみてる」

そう兄に言われたことがある

もしかしたら全部ホントかもな

まだ未熟者で

ステキな香り

感じてみたくて

もっと　もっと

慕われてみたいだけなのかもな

こんなにムズかしいとは

知らなかった

Music is
音楽は

音楽
俺たちが行く　たった一つの道
下手な歌は聴きたくない
音楽なしじゃ生きていけない
たとえ自らの手で
カラダが滅びても
自分のサウンドだけは
永久に生き続ける
ずっと　ずっと　変わらない
それ以外の空気もいらないよ
Music will be mine
For I am hers forever.

Food and Water
糧と水

愛は心の糧
人生の水
たえず回り続ける地球上で
ボクたちを落ち着かせてくれる
理不尽なところへ
落ちてゆかないよう
守ってくれる
理由なく
要求ばかりする世界
気遣いもなく　マワル世界
愛は人生だから
死ぬまで生きよう…

Left Handed
左きき

ちょっと自分に　excuse me
オレには別の行き先と
道がある
左ききだから
最初はぶきっちょにみえるかもしれない
台風の目に座っているように
落ち着いているキミの隣で
オレは嵐を駆け抜けたような顔
してるかもしれないけど
気にしないでくれ
こんなにたくさん空気があるのに
なぜ　まだ　息がつけない？
And love...
運命の人にめぐり逢えないのは
自分の宿命？
それとも向いてない？
もっと　大きく　成長して
いつか　ハッピーエンドに
辿り着けますように

Who knows?

Mistakes
間違い

こころに響く雑音　消して
新しいメロディーに包まれてみたい
外にでて　自分の価値と
ルーツを確かめてみたい
若かった頃の目で　自分を見つめ
愛を待つ間に　過ちを犯してしまう
自分を知る
友達が語る　真実が　聞こえてくる
我を忘れ
クレイジーな日々に　埋もれてる自分に
忠告して　気づかせてくれる
心と気持ちが　おいかけっこする中
子供の目線で　自分　見つめると
しわくちゃな手をした老人のような
ヴィジョンがみえる
ちょっとした親分気取りで　子供達と遊びながら
子供の頃　聞かせてもらえなかったコトバで
話しかけてみる
自分と仲間には気をつけるんだ
危険はみんなのすぐそばにある
その霧が気持ち　心　肺を満たすとき
頭上に黒い天使が霞む

すごくキレイで　リアルさ
その腕に飛び込んでゆく　キミが抱える
大草原の小さな家ぐらいのちっぽけな葛藤が
いつの日か　祝福され　許されるよう　望んでる
よそ者のせいか
年のせいか
悪癖のせいか
なぜか変わり者と思われてる
男として生まれた　自分の宿命
生まれ育った場所
それはイコールで結べない
最後まで　しっかりと　自分であり続ける
それが　一番　大切なんだ
赤ちゃん　養って！　元気だして！
もっと強くなって　自分の価値　見いだして！
そして泣きやんで
すべてうまくいくよ
たとえツラくても
逞しくいこう
たとえ今の自分に満足できなくても
きちんと向き合っていこう
もっと　工夫しながら
将来に備えていこう
夢物語がフィナーレに近づいた今
これからが本番！

どうして自分のルーツ
見失ってしまった？
あれとか　これとか　関係なくて
自分の居場所もあるから
すべてこれから次第
自分を変えられる種は
いつも自分の中に在る
無視するのは簡単
金や愛に溺れて
道を踏み外すのも簡単
自分のミスが
わからなくなる時だってある
冷めた心　すべて忘れて
自分に宿る愛　抱きしめて　生きてごらん
ツラくなったら　泣くことも忘れないで
たとえ小さな努力も
一生懸命　ガンバった瞬間も
自分にとって大切な軌跡だったこと
思い出させてくれる
あんまり自分を軽くみないで
いつか自分を傷つけてしまうから

蝶

Butterfly

6

Thanks for u
ありがとう

大地を飛び越え
自由に翼を広げる
マルチカラーの美しい鳥
それがあなた
溢れ出すように豊かな母の愛
あったかいココロ
子供達の安らぎの場
長い人生の仕事のあとに
ぎゅっと頭をうずめて
ホッとする場所
あなたの真実
涙
愛
明日への励みとなって
永遠に続く活力をくれる
あなたからの心づかい
かけがえのない贈り物
あなたでいてくれて
ありがとう

Fallen Angels
堕天使

この天使に出会ったトキ
降り注ぐ太陽が
眩しいほどに一日を照らし出していた
彼女が僕を救ってくれるなんて
思ってもみなかった
雑踏の中
なぜか目立っていた彼女
謙遜心が強くて
花柄のドレスがよく似合ってた
名前も知らなかったから
話しかけづらかったけど
きっと雨のように清い人
そんな気がした
はかない恋物語の結末を話したら
白いハトのように微笑んで
理解してくれた
時々 彼女の目を射した哀愁の影は
愛に翼をむしられ
迷いを知った証だったのかもしれない
また僕に逢って
僕の世界
見てみたいと言ってくれたトキ

この天使こそが
夢にまで見た恋人
そんな気がした
流れゆく日々の中
一緒に笑い合える瞬間　ホントに最高
こんなに幸せな気分になったのは
いつだっただろう
彼女が手を握らせてくれたトキ
太陽は輝き
ただ一途に彼女を抱きしめたくなった
かけがえのない友達
今　彼女を想うだけで
頭がくらくらする

先週の日曜日　また彼女に逢えた
笑って　散歩して
また手を握らせてくれた
潮風が僕達の翼をかすめた時
やけにぐっときて
ココロが躍った
すごくスペシャル　けして見逃せない瞬間
二人の天使が一緒に翔ばたきながら
初めて交わした　KISS
世界中が立ち止まり
二人の行方を見にやってきた

これからも天使達は
自由に　翔ばたいてく？
それとも人目を気にして
臆病になってしまう？
一人は快適な家に戻り
もう一人は
これはただの夢か
堕天使のゲームかと
問いかけながら
歌に書き留めた
もう二度とキスできなくても
誰も攻められない
平和に　愛情豊かに
けして誰も泣かさないで
はじらわないで
旅立ちたかった二人
僕はそう信じてる
たとえ明日なにがあろうとも
二人の天使は
愛で結ばれた心友なんだ
いつまでも

Next Time
またの機会に

そよ風が　やさしく　頬をなでる
今日はラッキーな日
通りすがりの蝶が教えてくれた
次のプラン　考え中の
若い恋人たちが遠くに見える
テレビ番組のファニーを見ながら
笑う息子の声が聞こえてくる
子供の頃に約束されたイヌ
いまだに辛抱づよく待ってる
ちょっとでもいいから
雨だれを舌でつかまえたくて
雨を待ってる
酔っぱらった友達の声が
遠くに聞こえる
過ぎゆく花に気づく
Mommyの口ぐせ 'God Bless You'
ものすごく早口で話しながら
ちゃんとその場をしきる娘
マジで船酔いもするけど　水は好き
人生を泳いでゆくようだから
人生を愛しつつも　そこに見える現実に

やりきれなくなる時もある
蝶や蛍の話をしてるわけじゃない
人間の話
人生を過ごすのは　簡単なのかもな
僕も毎日　訓練中
そう遠くない
お互いのスペースを守りながら
キミの道に　『リスペクト』
荒波は船乗りの夢かも
子供の泣き声は
子供を捨てた母親の悪夢かも
それぞれがそれなり…
でも誰にだって
この地球で生きる価値があるから
いつも　今に　感謝していこう
みんなのしあわせ　願いながら
清潔にして　襟を正して　気配って
オープンハートと　感謝の気持ちで
わかち合おう
それ以上でも　それ以下でもない…
すべてのエレメンツが集まった
人生のゲーム
みんなでルールを守れたら
きっと素敵なモノ

Lost and Found
なくした みつけた

僕らがはじめて呼吸した瞬間より

遥か彼方で

跡切れた愛が

ここにある

綴られた誓い

何かを追い求める二人に

別々の道を歩ませた

いつか結ばれる日へ向けて

心支度をさせた

妖精の粉に埋もれたまま

カタチにすらなれなかった夢の数々が

うたた寝する間に

頭上を霞める

こうして雲の下に寝ていると

『唇にのせた愛を胸に待ちつづける』

とささやきあった

あの頃さえ

憶いだせない

Ripe Fruit
熟した果実

天国なんてあるのかな？
甘く熟した果実が
つたからこぼれ落ちてくるような約束の土地
ハミングバードや　蝶にかこまれて
妖精達が　そよ風と戯れる　憩いの場
愛と子供達の夢をのせた　せせらぎの音が
さらさらと　響きゆくような　神聖な場所
どうか　神様
僕の瞳に知恵を授け
天国をお見せください
この甘い空気に　至福の喜びを感じ
流す涙をお許しください
人生最大のギフトを捧げます
Love, Love more
リンゴの木の周りで
追いかけっこする前に
いつだって先にスタートさせてあげるよ
たった一つの願いは　彼女のKISS
Oh, how sweet heaven must be
いつも彼女が
そばにいてくれますように

*You can't see music
but you sure can
feel it!*

Smile
笑って

ちょっとした時間　みつけて
笑ってみよう

現実
扉　叩く人生
しがらみも超えて

金
死
請求書
ストレス
仕事
子供の将来
傷
すべてを超えて
これは一つの試練なんだ
みんなからはじけだす
花の光とあったかい日々が
この空気感にあふれだす
命が宿った瞬間の記憶
それは人生への贈り物

自分のサウンドに
耳を澄ましてごらん
たとえ分厚くなってきた雲が
このシンプルで
ピュアな真実を
隠そうとしても
けしてココロから
消えたりしないよ
だから　my freind
しっかり抱きしめてあげよう
たとえ何一つなくても
幸せにしてくれる魔法だから
ココロからはじける
素直な笑顔が
自由に翔ばたける自分
気づかせてくれる
だから
Smile
Smile
温もりのある風に包まれて
一日中　あったかくしてよう
Smile
自分の道を行くとき
いつも忘れないでいて

Had a Wife
妻がいた

妻がいた
僕のすぐそばにいてくれた
かならず　おやすみのキスして
ホントに　シアワセだった
いつも情熱的に　濃い時間　すごした
あの美しい妻は　もういない
脇目もふらずに　無我夢中で駆け抜け
もう過去のことのように　振る舞うこともある
でも周りを見渡すたびに
すぐそばに妻がいてほしくなる時もある
今日はちょっとツライ日
たった一人しかいない　妻の面影に
酔いしれているから
いろんなこと　経験して　学んで
みんな　成長してゆくべきさ
でも最初からきちんとわかっていたら
何かを得るために
妻を失うこともなかったかもしれない
今はもう離ればなれでも
かけがえのない人だから
いつも　彼女に　幸あれ

Tender maps
優しい地図

よき心の教授
勇敢で
逞しくて
広い心の持ち主
いつもみんなにベストを願って
家族のまとめ役
飢える人々に食べ物を分けてあげて
それぞれの願いが
明日を切り拓くパワーになると
若者に教えてあげる
ふんわりとした道を彩る
優しい地図の上を歩めたら
すべての道は　forever fine
常識　生かして
口を開く前に
耳を傾けてごらん
ココロに語らせてごらん

Desert Flower
砂漠の花

僕の砂漠の花

キミにみえる？

砂丘を越え

黒い服に身を包み

首と髪に煌めく　ルビー色のサファイア

暖風に乗って　躍る鳥のように

天高く舞い上がってく

抱きしめるたび

美しすぎて　涙がこぼれる

あぁ　なんてキレイなんだろう

朝日のように輝きながら

舞い躍る路なりに華

我も忘れ

愛のように

海めがけて落ちる　雷のように

本当に気軽に　Dance

僕以外

誰にも彼女が見えない

僕の砂漠の花

キミに見える？

もっと抱き寄せたい

僕の魂におまじない

彼女の手にそっとキスして
彼氏と呼ばれる日は近い
僕にぴったりの砂漠の花
永遠に躍り続け
感じるがままに　愛　奏でてほしい
こわがらないで
僕だってホントはこわい
人生は妙
いい時もあれば　ツラい時もある
もしこれがただの夢なら
お墓に行く時　哀しくなる
一年中　咲き誇る　砂漠の花
僕の砂漠の花は
サウンドを奏でる
唯一の　Music
だから　Dance　Dance　Dance
もっと　躍って
ハート　高ならせながら
永遠に見続けるよ
人生のメッセージは愛
舞い躍る砂漠の花を抱きしめる時
もう　それしか　きこえない

Another Step
また一歩

友達に逢いに飛んでゆく
真実か　罪か
問いかけながら
また一歩前進
跡切れた旋律に
まだ期待しながら
愛こそが自分のリーダーと
心に刻む
何一つ見えなくなって
通りを渦巻く喧騒にくじけたら
その代償はデカい
痛み　覚えてる
まだ傷跡　見てる
ただのジョークだろ
愛は見え透いたゲームだろ
そんな風に決めつけて
笑いだす友達みると
どんどん自分が見えなくなってく
友達の前で　泣き顔みせられない
自分のサウンド
どんな風に奏でて
送り届けてゆこう？

それとも人生は
誰かが決めたレールの中？
法律を作った人は誰だろう？
なぜ愛を手放したんだろう？
なぜ友達に逢いにゆくんだろう？
その時　永遠なる愛に
辿り着ける？

The Gardener
庭師

So dark,
目の前にある手が溶けてく
花の香りをかげないなんて
大地を耕して
お水をあげて
お日様にかざして
この種が
嵐にも負けない花に育つよう
ひたすら願ってきた
庭師を哀しませる
今　泥地に腰を下ろした庭師
花壇を見ながら　『涙』
恐れと現実に飲まれた
叫び声が
誰にも届かなくて
Save the gardener...

Much More
もっと もっと

きっと
もっと
愛がある
涙をこらえすぎて
意固地になる
Children
重荷背負って
肩いからせて
成功への道
あきらめて
やけになる
Children
一生懸命　働いたのに
報われないまま
お母さんが天国に召されたことに
憤り　感じる
Children
太陽のそばにいるより
この世で迷子になる
Children

きっと
もっと
愛がある
困難と　病いを　乗り越える愛
多くの人々が　苦労して
多くの人々が　克服してきた
運から見放された人もいれば
後ろ指さされても
ひたすら夢に向かって
歩み続けた人もいる
痛みや死は
時間をわけてくれないけど
愛の絆は
お母さんのお腹から産まれてきた
みんなのココロに宿ってる
きっと
もっと
愛がある
こんなキモチが
みんなに芽生えたらいいな
たとえ地球にいても
天国にいるように
みんなで住める日が
やってきたらいいな

Well who
誰だって

こぼれ落ちる　砂時計の砂
見つめながら
うつろいゆく時の中
誰がキミに指図できるだろう？
大切にしてきたモノ
愛着深いモノを
手放して　明日へ向かうキミを
理解してもらえなくても　平気さ
ちゃんと二本足で立っているし
また明日がある
もしこれがただの夢なら
あの世でも　自分を許してあげる
ココロと約束
守ってあげよう
一人じゃ持ちきれない黄金を
手放さなくても　平気さ
Just think.
抱える重さよりも
キモチの持ちようだと
教えてくれる子供に
明日　出逢えるかもしれないから

Love is like trees
愛は木のようだ

愛は木のようだ
夏には燦然と輝き
秋にはちょっと曇りがち
冬には冬眠する熊のようで
春には元気いっぱい
常夏のハワイ
いつも燦々と
太陽が
降りそそぐ
花々もとっても　スイート
でもメインランド（アメリカ本土）では
簡単にばてちゃって
嘆きも募る
明日　愛に出逢える確率
何パーセント？
毎日　全力投球だったとは
いいきれない

とっても調子がいい日もある
太陽すら輝かないような日もある
I do get up!
I do beleive!

時々　やけにツラくて
ふっと舞い込んでくる蝶と一緒に
飛び立ちたくなるけど
それってフェアじゃない
人がすべきことってなんだろう？
I don't know.
人生で経験すること
見ること　すべて
価値がある

これまでの経験から
掴んだコトを胸に
一歩　一歩のステップに
活かせたら
きっと
きっと
ラッキーな人になれる

Maybe?

弾丸

Bullet

7

Innocent Children
無邪気な子供達

なんてことだろう
もう手足がバラバラになりそうだ
オレの痛み一つ知らない
他人に囲まれていると
涙すらでてこない
ぐっとくる胸苦しさ
乾いた愛
やさしく握る手
自由にしてくれない
砕けた夢に翻弄されて
燃えるロウのように
熱い涙と化した愛が
頬をつたってく
こんな時
彼女に抱きしめられたい
胸元で安らぎたい
遥かなる眠りにつき
夢見ることが
この戦士を救ってくれる
長すぎた戦い
最初から戦うべきじゃなかった
Senseless Murder

神様の御霊なる
無邪気な子供達
情けと助けを求め
横たわる
このコトバ　届く？
引き金を弾く方がラク？
もっと挑発してみたい？
この降参の白い旗が見えない？
キミが戦いをやめる日まで
どれくらい
この旗を降り続けてく？
Senseless Murder
もうやめにしよう
オレ　家に帰って
ただ眠りたい

My Prison
牢獄

いくつもの道と

涙と

日々を越えて

今　このペンを握り

便せんに想いを綴る

ドアの向こうに響く騒音に目醒め

自分が捕まってた

牢獄に気づく

別の牢獄が

また積み重なり

目を閉じていても

家の中にさえあることも

わからなかった

浮かんでは消えゆく笑顔も

遠ざけていた日々

いい人でありたくて

うちの子供と一緒に

遊んでくれた知り合いが

お人好しな自分を

利用していたことも

見抜けなかった

ポイズンにみちた
つたを喉に巻かれ
車輪に張りつけられた自分
上品なうわべと
地位と
驕りの裏に
狂気を秘めて
人の批判をすることに
喜び　感じる人がいること
はじめて知った
かなしみ募る中
今　ボクは　目醒め
自分が築いた牢獄の扉を
そっと開け
他人が築いた牢獄を壊す
今日はまだみえなくても
明日になったら　きっとみえる
彼らと知り合う以前に学んだこと
これからの自分に生かして
城を建て直したい
明日はもうすぐそこ
ボクも　きっと
準備ができてる

Monsters
モンスター

ときどき
モンスターが外にいるような気がする
やつらのために
ちょっとだけ明かりを残して
ガチャッとクロゼットのドアを閉じる
子供のまねをしてみたくなる
ときどき　やけにこわくて
ただほっとしたくて
抱きしめられたい
大好きな人と和んで
ほのぼのとして
愛し合いたい
ちょっとした思いやり一つで
モンスター達全員
穴に追いやって
永遠に封じ込めてくれるのかも

もうモンスターはいらない！

No Dicks
イヤな人はゴメンだ

一番ビッグなこと　それが人生
ステキなこと　ツラいことで一杯
カンタンで　ムズかしい
ほんとうに自分次第
もし太陽が欲しかったら
手にいれてごらん
もし雨が欲しかったら
雨と一緒に泳いでごらん
愛情豊かなココロで
人とつきあえたら
１０倍になって返ってくる
イヤな人でいたら
いつか自分が苦労する
このビッグな世界も
みんなの心がけ一つで
きっとステキな場所になる
Signed,

イヤな人はご遠慮下さい！

Some lye
あるウソ

鳥はみんなどこにいったんだろう？
なぜ今日はやけに暗くて寒いんだろう？
子供のはしゃぎ声もしない
空に星も輝かない
愛はどこにいったんだろう？
なぜウソをつく人がいるんだろう？
もし知る気もないなら
なぜオレの名を聞くんだろう？
涙の海に揺られ
食べ物も　飲み水もなく　漂流し
置き去りにされ
消えてゆく
愛のないキスをするくらいなら
この島に置き去りにされた方がいい
だから独りでいるよ
オレとオレ
真の愛が　色鮮やかに輝き出す日まで
待たなきゃいけないか
その時まで
ちょっとずつ　この心　しぼんでく

Love, right?
愛　だろ？

So what's up ?
今　また一つ　強くなれた？
また愛に背をむけた？
昨日までのこと　忘れて
別な瞳につぶやく　『I love you』
変化のない場所にいるのは　ツラいけど
進歩しないで　終点に辿りつく
いつもの道を行くのは　カンタンさ
もっと輝いて
シアワセになって
キミはよくそういってくれた
芯の強いキミだから
こころ　トキめいた　あのコトバ　忘れて
また歩き出せる
ずっと抱きしめていたいコトバだった
独りきりの生活
どんな日々？
I don't know
今は考える気もしないんだ
これはありふれた愛だった？

たとえ

どんな愛でも

大切なのは

思いやり

My Skin
僕の肌

肌の色が違う黒人だから
差別してもいいと
父親がちっちゃな子供に
教えたりするのはなぜ？
僕は隣にいる人より　劣っている？
肌の色を越えて輝く美が
見えない？
昨日までの無知
愛で越えられない？
そんな父親に育てられた子供達が
たとえ無意識でも
好意的な僕に
つめたくするのはなぜ？
愛されるべき人に
伝わらない愛
パパと同じように接しても　平気さ
ウソついたり
キツくあたっても　大丈夫さ
世間知らずで
キングとして母から
命を授かった
僕の価値を知らない

It is not O.K.!
僕のご先祖様への罪と知りながら
たやすく愛を語る人と
大切な時間や愛を
分かち合いたくない
豊かな愛と　サンシャインが
まだ遠くて
傷つきやすいこのハートを
悩ませる人達を止められない
他人や母親にしてもらいたいことも
叶わぬ夢と気づく時
せつなさも募る
自分がコントロールできるコトじゃないんだ
神様が決めたことを
証明しようとしても
ただ揺れ惑い
ちっぽけな人間になってしまうから
もう悩まないでいこう
公平な裁きと神様の祝福が
彼らに訪れますように

Who's True
誰が正しい

語られる言葉の誠実さ
どうしたらわかる？
オレめがけて
崩れ落ちてくる建物のように
キツいコトバと　態度に
悩まされる時
どうしたらわかる？
I don't know
神様のお導きだけは信じてる
真実
愛
真心
意思
大切なモノを
粗末にするような人々に
振り回されないで
風のように
素直な心　大切にしていきたい
世間にあふれるウソに
惑わされたりしない
みんながついていけるガイドブック
それだけはきっとどこにもない

聖書に語られる言葉
とても純粋なもの
でも罪深い僕達は
なかなかその規則についていけない
午前３時ごろ
涙が魂の光を隠す時まで
永遠に　問いかける
もしかすると
心の奥に眠る答えが
悩みの種かもな
これまでの経験から掴んだ答えが
逃げるべき？
逝くべき？
と疑問を投げかけながら
廊下つつぬけに鳴り響いてく
しくじってはいないと思う
サインを見過ごした？

Cars
車

今日
命を賭けて
お祈りを捧げながら
あの世へ召された人の
一命をとりとめようとした
ムチャしすぎて
出くわした車
通りに流された血
手遅れだった！
俺の息が弱すぎて
彼は逝ってしまった
ただ眠ってしまった
あっという間に
顔が蒼ざめてゆく
名前すら知らなかったけど
俺の息だけじゃダメだった
運命だった？
願望だった？
すべては暗闇
聞こえる音楽は叫び声
どうして自分は免れた？
誰が通り過ぎていいといった？

どうして自分は免れた？
愛する子供や親戚がいるから？
友達がいるから？
命の尊さを実感する日まで
人生がちっぽけに見えてしまうのは
何故だろう？
I don't know but,
きっと天国に辿りつける

Mercy
情け

どうやってモンスターを檻に入れておこうか？
パンチをくらい続けても
ホントにちょっとしかよろめかない
人情を期待しながら
遥かなる土地から誓う　不朽の友情
キング牧師 v.s. マルコム X
周りにいる傍聴者達は
もう間違いに気づいてる
行き詰まった生活に麻痺して
誰かがリードしてくれないと
もう一歩　踏み出せなくて
誤った道を選んでしまう人もたくさんいる
僕を支えてくれるチカラ
それはきっと
現実に生きる真実と
人類への愛と
いつか待つ病いを
知る心
伝えたいこと　あるけれど
いつか　明るい未来がくる日まで
もう少し　胸にしまっておこう

No smell
匂いがしない

冷笑する人々　見つめてる

感情のかけらも

キッチンから漂う

おいしい料理の匂いも

通りではしゃぎ回る子供達を

思い浮かべることも

まるっきりない

たった一つ灯るあかりは

家の窓の中

ストリートの音楽も

必ずテレビでやっているような

メロドラマ以外

ピュアなロマンスのダンスも

見当たらない

どんな環境にも耐えられる

頑丈に出来た

メルセデスベンツが一杯

何一つ感じずに

次の駅に辿り着くことばっかり考えてる

ベルリンにて

Here I am
ココに居る

かなりバテ気味で　ココに居る
黄金のポットと　キャンディーヤムがもらえる
明日の約束　今でも夢見てる
奥深く　自分　見つめると
別な真実の太陽が　眉に降りそそぐ
明日　また一日を過ごせるシアワセ
訪れてくれるか
Who can say?
掟　次の場所に辿りつくための道
ゲトーだって人はいう
俺が育った町
あんなに小さかった姉が
頭に一撃を負った場所
母がミスターグッドバーのために体を張って働き
兄が彼の名のもとに努めを果たした
フランスに住む俺　ニースはいい所
ハワイで地元人っぽく食べるホットドッグ
そんな俺のこと
何もわかってないと思う人もいるかもしれない
でもこの道は
俺が綴るマイウェイ

Stuck in place
いきづまり

場所にも　時間にも
いきづまってる
空気すら感じないけど
なんとか前進
信仰心と　信じるキモチがあれば
明日は見える
寒い夜
一日中　走り続けて
忘却から湧き出る水を　飲み忘れても
まだ見ぬ何かのために　燃え続ける
ステキな景色を通り過ぎながら
追憶に浸ったり
駆り立てられることもあるけど
心に感じる輪と
蛍のささやかな灯火が
生涯　導いてくれなかったら
無意味なんだ

近道して
新しい場所に飛びこんで
そこに馴染んで
ぐっすり休んで

そして永遠に目覚める
そんなことだって
まだできる

答えがでたら　tell me
I still don't know
人生は人生
その懐の中
みんな　生きてる
この空気に
値段をつけたりしたら
いつしか居場所を見失って
この惑星で
一人ぼっちになってしまうかも
境地に辿り着けたら
みんなに役立ててほしい
思いやりのココロ
多くの人々に伝えられたら
きっとみんなが呼吸できるような
空気感が育まれてゆくから

Don't miss the signs.

Agony
苦しみ

触ったこともない食べ物と
好奇心にそそられて
暗闇の中
苦しんでる
冷たい手と
けして届かない愛に歩み寄ってく
目の前で揺れる人参が
頭を悩ます
きっと最後には
汗と痛みのご褒美があると
期待しながら
日々　前進
まだ昇ってる
引っ掻いてる
閉じられた扉の先頭に行こうとしてる
ずいぶん前に人が諦めたことに
こだわってる
Why do you try so?
ずっと夢見ていた理想の愛にも
出逢えないかもしれない
ゲームにハマりすぎて
ご褒美も

常識も
見失っちゃったのかよ？
贈り物すべて
なくなっちゃったこと
わからないのかよ？
汚れた靴下と虫食いのシャツしか
残ってなかったら
どうしよう
チェリーバニラの味がする
喜びのキスもおあずけ
負けゲームで　まだプレイ中
とげとげしいバラの庭で
傷だらけになって
失われた愛を追い求める騎士
Your quest of love
Love, Love more
もうおしまい
Go now.
気分一新して
太陽に捧げる愛
救ってあげよう

星

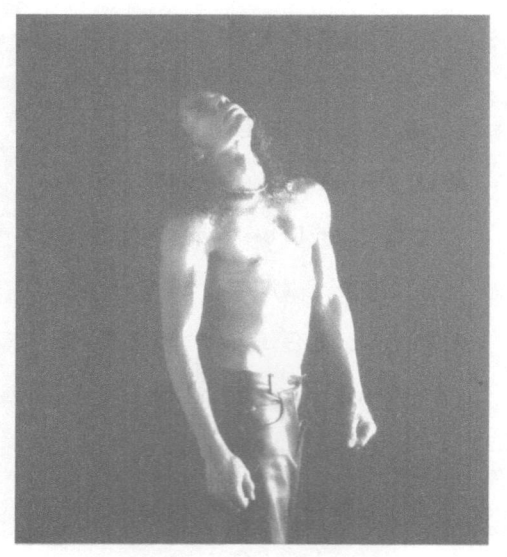

Stars

8

Sun Break
太陽のお休み

時々　太陽はちょっと空から隠れて
お休みをとるのかもな
そんなトキ　とっても寒くて　哀しくて
ぬくもりに包まれていたあの頃
忘れてしまいがち
そんなトキ　大変かもしれないけど
暗闇の向こう　見つめて
そこで休んでいるものたち　発見してみよう
あったかい太陽は　僕らを見捨ててなんかいない
ココロからそう信じてごらん
ちょっとお休み中だけど
きっとすぐ戻ってきてくれる
太陽だけだったら花は育たない
ひんやりとした風も　長き夜も
じめじめした日も大切さ
みんな　ビッグなプランの　一つ
いつかみんなを幸せにしてくれる
素晴らしいお花　咲かせてくれる
あなたのサンシャインが輝く場所
けして忘れないで
ホラ　もうそこにいる

There's life
ここにある人生

本当にビッグな世界
おいしいスイーツと
いろんなお花と
カラフルなお魚たちに溢れてる
あったかい日には夕日が輝き
愛らしくてセクシーな月も
すぐそばにいてくれる
ストリートに鳴り響く
子供達の笑い声
何にも聞こえなくなるくらい
情熱的に　恋人達が　KISS
静かで　平和な湖
とける雪
つもる雪
イヌとミュージック
新鮮な空気で満たしてくれる木々
みんなの頬から恐れをぬぐい去ってくれる父と母
みんなに宿るチカラを教えてくれる神様
生まれたての赤ちゃんが
明日はもっといい日になるって　教えてくれる
そして　いつも　愛がある

A star
スター

遥か彼方に輝く星たち
天高く飛んでゆけるなら　つかまえてごらん
いつも頭上に光り輝く　お星さま
こぼれる涙より
信じるココロを
支えてくれる
偉大な人々が授かる称号さ
歌手　俳優　名声を得た人々
選ばれた人々にぴったりな名前さ
自分達次第で
星に笑わされたり　泣かされたり
天空に座り　月のすぐそばで輝く
お星さま
破壊することさえできるから
もし落ちてきたらどうしよう
時々　不安になる
きっと天高く
一晩中　光り輝いているのが　一番いい
みんなを幸せにしてくれて
お祈りを捧げるのに
ぴったりな星たちだから

Did anyone notice?

飛

Birds fly...

翔

Her baby
彼女の赤ちゃん

ハッピーなトキ
哀しいトキ
自由にはしゃぎ回っているトキ
キミって本当にステキ

キミの瞳を見たら誰も否定できない
コトバなんかじゃ伝えきれない
もしそんなことをする人がいたら
キミの瞳に涙が浮かぶかも
みんなに愛されて
すくすくと育った赤ちゃんが
みんなに　幸せを
分けてあげられるようになりました
そんな風に話せるお母さんは
きっと幸せ者さ

新春のキスのように
特別な人
誰の目にも
一目瞭然

あぁ　なんて気持ちいいんだろう
きっとキミのそばにいるだけで
みんな　こんな気分になれるんだネ
キミのマジック
大切にしてあげて
そのまま変わらないでいて

もっとみんなが
キミのような人から
学んでいけたらいい
きっと　何かに　目醒め
自由への一歩
見つけられる

本当に素晴らしい人
そう教えてくれたお母さん
ありがとう

Thanks Mommy

Wonderful day
素敵な日

今日という日をもっと輝かせてみよう
花はココロをふくらませながら
天に祝福された甘い香りを解き放つ
太陽と雨が吹きつけ合いながら
キレイな虹色にはちけてく
目が見えなくなる位　光輝く黄金が
みんなのココロに宿る時
幸せ溢れる笑顔ばかりが
はじけてく
天に翔ばたく
やさしい鳥の姿と歌声は
心を閉ざし
かたくなになってしまった人達の耳元まで届き
信じる人の味方をしてくれる
愛する人こそが
真のチカラの持ち主だと教えてくれる
きっと子供たちは
外で　けんけんしたり
おいかけっこしながら
今日という日に
ぴったりな調べを口づさむ

今日は新しい出発の日
誰にも邪魔されない
キミすらも

愛がない今日
まるでいつもと変わらない
ただ夢と夢
他と変わらぬ夢
これでもなくて
あれでもなくて
真実だけがある
そうじゃなかったら
大空でさえずる鳥の鳴き声が
きこえないはず？
喧嘩しながらもこだまする子供の笑い声が
きこえないはず？

やさしい花の香りが
すべて
遠のいていった時
虹はどんな宝物を
見せてくれるのかなぁ？

Water
水

また別な早朝
木々に住む鳥たちが
葉先に輝く朝露の香りへと
羽ばたいてく
そんな時
昨日
今日
明日のこと
考える
今までちゃんと歩いてきた？
大切にあたためてきた夢から
生まれたモノたち
ただの幻だった？
愛というコトバに　惑わされている？
砂漠でオアシスを目前にしながら
飲み込んだ砂！
乾きを癒してくれると思ったから
そこにあるとわかっていたから
見果てぬ何かに手を伸ばし
過ぎ去った日々と　月たちを　信じつづけた
今　砂まみれの口で　座っていると
やけに前が霞んでみえる

一歩一歩にみえる　真実と
信じられることに　向き合ってきた日々
僕なりに真剣だった
でも　これまでの努力が
あんまり報われなかったと思うと
なんだか　むなしい
僕の背中にムチを打ち
勝手に僕の名前を変えた　ご主人様
自分のことは棚に上げて
人に変わるよう
命ずる中
一人で働いてきたことが　恥ずかしい
彼達が受け入れたのは
僕達の痛みだけ
目の前で揺れる幻
そこにあるような気がしたから
心から誓い合って
信じ合ってきた
きっと　いつか見つかるのかな
でも　こうして砂まみれの口のまま
ここに居ると
すべて幻だったような気がしてくる
もうすぐ　水を　見つけられますように

Don't Cry
泣かないで

Sweet Lady　僕の道に訪れた
悲しい出来事に泣かないで
やがて時が傷を癒してくれる
終点はまだまだ先でも
キレイな虹の笑顔や
快晴の青空も　見える
人生の試練は果てなくても
くじけなくていい
王様だったあの頃のように
逞しい子供達だから
生まれる前に耳元でささやかれたコトバ
覚えてる
自分達の価値すべて
すぐに見つからなくても
人生の糧を掴める日まで
耐えることも　大切さ
耳元でささやかれたコトバ
ずっと忘れないから
涙こらえて　待ち続けるよ
We remember

Us
僕達

僕達というコトバ　思い浮かべるだけで
涙が込み上げてくる
情熱に満ちた　ココロ
永遠の夢に膨らむ　キモチ
発想を自由に広げて
キミが信じていることだけ
見つめてごらん
お母さんの温かい懐の中
くるんと丸くなって
危険から身を守られている赤ちゃんのように
自分のすぐそばで可愛がってあげながら
時には自由に大地を歩かせてごらん
ワクワク
ゾクゾクすること
思う存分　探検させてみよう
僕達
それは3つの願いが
1つになったもの
僕達の願いが
真でありますように

Child's Giggle
子供のくすくす笑い

ココロの窓から外を覗いてみると

花や雨が見える時がある

思わずくすっと笑いたくなるような

子供達の顔を見ると

なんだかほっとする

これでいいんだって気分になる

そんな時こそ大切にしてあげよう

カラフルな理想だって

明日は雲の果てかも

子供のくすくす笑いのかけら

まだ隠してる

So remember

Me
自分

創ってごらん
きっと彼らもきてくれる
希望に胸ときめく
一年の始まり
真っすぐ前見て
一つ先に向かおう
あの虹を掴むと
宣言してみよう
埃　払って
キレイになって
目の砂　ほろって
また見つめてゆきたい
最高の笑顔と
明日の真実を胸に
背筋をピンと伸ばして
危険を避けて
自分らしく
歩きだしたい

それがいい
Me!

Sleepy
眠たい

ナイトウォーカーの足がひりつく頃
また一日が終わる
こわい夢にうなされるかもしれないけど
枕が俺の名をささやいてる
失われた天国の甘い夢　いつも祈ってます
あったかい日々　とびきりの笑顔
やさしいキス　俺達を育ててくれる
たわいもないことに涙して　一息つこっか？
泥んこまみれになって　笑い転げよっか？
Who cares is a question we ask.
過ぎ去った時間と
挫折に砕けた夢のむこうで
はぐれていった人々の心の叫びを聞くのは
誰だろう？
俺の名前　聞かれたら　すぐ答えられないかも
いつしか忘れてしまったようさ
『なぜ』と聞かれたら　返事につまるかも
時々　ふとした疑問は
問いかけもしないようなこと
時々　答えは
一番　聞きたくないこと

Hold on
しっかりして

どうしたんだ？
なにやってるんだ？
またサインを見過ごした？
愛のこと　なんにもわかってない！
人の瞳に映る自分の心は
今どこにいる？
恋心　うまく伝えられる？
過去の存在という内なるつぶやきが
失敗と痛みにつながってく
瞳の奥に浮かぶオアシスが
本物であってほしくて
まだ惑わされてる
もしサインが正しいなら
しっかりと向き合って
成長していこう
最愛の人に
天国のようなやさしさを祈りながら
泣きたくなったら　泣いたっていい
でもしっかりと生きていこう
いつも
2Love

I am me
オレは俺

オレは俺
左ききの B-boy
オレはこんな奴
あんな奴
俺
生きてる

Mother told me
母が教えてくれた

行き詰まって
バカで　まぬけで
酔っぱらってる
今日という人生
たとえ知らない土地にいても
ここが今のマイホーム
大声で泣きわめきたくなる瞬間
不安で落ちこんでしまう瞬間
誰にだってある
この痛みに特効薬はない
悲痛な叫び声　音楽もない
蒼い海　僕達に笑顔をくれる
でも集団とウソに固められた世界に
つぶれそうになる時もある
同じ気分を味わった魂に話しかけてみる
道を見失った人と過ごしていると
こころが痛む
このゲームから抜け出して
ハジも外聞もなしで　チャレンジしたい
うまくいくかな
きっと大丈夫さ

これからもずっと
自分の道　守り続けたい
「あれはなかなか正直者で
真心のわかる人だ
周りのいうことを気にしない強さもある」
そんな風にいってもらえたら
ホントに嬉しい
人生が幕を閉じる時
答えてくれるのは
神様と子供達だけかもしれない
この魂が天へと還る時
これまで学んだメッセージを
新しい未来に繋げたい
みんなのための新境地
みんなが自由に走り回れる別天地
たとえ最後の時を迎えても　悔やんだりしない
真摯に人生と向き合いながら
逃げないでゆく
魂に宿るモノこそ
まぎれもない真実だから
こころのどこかに刻んでおこう
Love, Love more　永遠に
母からのメッセージ
ずっと忘れない

The Instrument
インストラメント

あなたのカラダ
魂の旋律を奏でる
インストラメント
豊かな愛に育まれて
地球上のみんなと
喜び　分かち合う
最強の音楽のソルジャー達のリーダー
迷い　戸惑う人々の心の闇を
追い払ってあげるヒーラー
あなたが授かった贈り物
それは聴き手に捧げる
サウンド
誰にもかなわない
かけがえのないヒーラーのように
力強いあなた
一番大切なことは
この贈り物の価値を知ること
あなたは今
自分が奏でるサウンドを
マスターしてる
あなたの魂がそう気づく時

沢山の奇跡や
贈り物が眠る扉を
開く鍵となる
ハート＆ソウルの声に
耳を澄ましてごらん
すべての答えは
そこにあるから
あなたに見つけてもらう日を
待っているから
いつまでも

Music is waiting for you
I hope you find it.

To Ash　（アシュへ）
Love, Dad　（ラブ、父より）

Adam
アダム

僕の中に住む
もう一人の自分
名前はアダム
すべての男性を代表する
男の中の男
誘惑というコトバ
人類の目覚めと
転落をもたらした
甘いリンゴの味
神様に導かれ
聖なる役目があるような気がするのは
ただのファンタジー？
幻のように人々の横を過ぎゆく精神が
一体　誰なのか
問いかけたくなる時もある
やけに透明感があって
皆が憧れるヴィジョン
でも神聖すぎて近づけない
息してるから
ココに居るから
生きているのかな

僕の周りに漂う
この空気感は何だろう？
ふわふわと自分の上を舞いながら
世の中
愛
自分と関係ないことに
嘆くのは　なぜ？
この熱烈な感覚
ひょっとしてアダムと
関係ある？
時々　不思議になるんだ

Getting Hard
ツラくなってきた

息をするのがツラくなってきた
自分の空気が掴みづらい
曇りがちで　ダークな時
プリーズ！と叫ぶには寒すぎる
明日は見えないけど
きっとまだ痛み　抱えてる
きっと誰にも関係ないことだから
泣くのもツラい
でも自分に正直に
前向きに
生きていきたい
子供達の目をまっすぐ見つめて
ウソなんてないと信じたい
落ち着いて
僕のハート
ほら　青空はもうすぐそこ
山の頂きを仰いで
大海原を泳いで
さぁ　子供達と一緒に翔ばたいてゆこう
時間を大切にして　チャンスを待とう

やがてあなたの光が
すべてのことを
照らし出していけるよう
自分の足取りに
気をつけていこう
白金の剣を手に
戦いに挑む
黒馬に乗ったプリンス
けして退屈な人生にはさせたくない
きっと最後には
ステキなお城が待っているから
どんな時でも
あなたらしくあれ

Mother's Arm
母の腕

愛するひと時　育んでみよう
星にゆれる愛
エメラルドや蒼色に輝く空
子供の頃　抱いていた輝かしい理想に
魅せられてみよう
頭に鳴り響くざわめき　消して
自分に通じる小川を渡ってみよう
お母さんのお腹から這い出した瞬間
感じたのは空気だけ
お母さんが抱きかかえてくれた時
大きな母の愛と
ぬくもりと
安心感が
包みこんでくれた
スイートなうたた寝に誘ってくれた
人生のミルクばかりを楽しんでいた
あの甘い味
今の俺には　遠い日の記憶

Your mother's arms

Close Your Eyes
目を閉じて

目を閉じて
my sweet
母の腕の中
一日のぬくもりと
天にまたたく星　感じてごらん
ちぎれ雲が流れ行く中
やさしいささやきだけ　想い出してごらん
人生を抱きしめたら
その神秘で満たされる
キミは　神様の　特別な子供
そして　神様は
キミと　僕のために
いつも　道を　照らしてくれるから
頭を上げて　愛の翼　広げて
元気よく
翔ばたいてゆこう
平和
虹
蝶のキス
永遠への架け橋
それは愛

恋人

Lovers

9

So What
だから何

たとえ彼女が
僕のことを
求めてなくても
So What
僕の真実と　良心が
彼女に
届かなくても
So What
欲しいものすべて
誰も手にいれられない
今あるものだけで
十分　シアワセなんだ
でも時々　心苦しくなる
どうしてこんなことで
泣きたくなるのかわからないけど
涙もこぼれる

Romeo & Juliet
ロメオとジュリエット

ミルクのように

なめらかな彼女の肌に触れると

恋の魔法に包まれて

とっても幸せだった　あの頃　憶い出す

夜空のように輝き

ふわっとカールされた髪

けして起き上がりたくない愛の毛布の中

ぐっすりと眠る二人

狂おしいくらい　愛おしくて

ここに居るには　せつなすぎて

去ってゆくには　名残おしい

この願い　神様に届かない？

僕達の可愛い二世は生まれない？

この熱烈な想いと　恋ぐるしさは何？

このキモチ

天へと立ち昇る霧に包まれ

天使の手で

愛のギフト　待ち望む人々へ

贈り届けてもらえる？

僕達が失った愛

尊い愛の物語となって

家族へ語り継がれる？

自分しか見えなくて
不器用すぎて
神様から授かった最大の贈り物を
犠牲にしてしまった？
数多くの掟に　そむいたせいで
孤独と　涙と　消えゆく永遠に
胸ふるわせる？
シェイクスピアの『ロメオとジュリエット』は
読んだことがある
あそこまで純粋な愛と勇気を綴った物語
知らなくて　本当に泣けた
それに近い別の話なんて　ありえないと思ってた
今　キミの香りも　肌のぬくもりも
遠い世界に　独り　座っていると
これまでの戦いと　恋の駆け引きの瞬間が
走馬灯のように蘇る
苦い涙が　頬をつたう
僕達の愛は
『ロメオとジュリエット』より
はかない恋物語
たとえ死という終焉を迎えようとも
彼らは再び　出逢い　結ばれた
永遠の彼方で

Hold my Hand
手を繋いで

恋する二人の唇に　情熱が走るトキ
手を繋ぎたくなったら　ためらわないで
できる？　ホント？
雨？　それとも雪？
どんなチカラにも　ここに居ること　変えられない
こころ通じ合える　もう一つの魂
見つけられたら　ホントにラッキー
なかなか人には　わからない
伝わらない　信じられない
たとえ目に見えなくても　風　大事にして
息するために大切だから
どんなに人が　足を引っ張ろうとも
飛翔の心　忘れないでいて
もっとゆっくり歩いたら
ほのかに漂う花の香り
かげるかもしれないだろ
となりの葉っぱに移ろうとして
ガンバってる虫の音
聞こえるかもしれないだろ
すごくシンプルだけど　本当さ
ありきたりなコト　見過ごさないで

Can't
できない

声が聞こえない
瞳を見つめられない
肌の香りをかげない
唇にキスできない
手をとって　愛のコトバ　ささやけない
朝露を分かち合えない
息もできない　食べられない
独りきりの生活なんて考えられない
鳴り響くのは　君の名前を叫ぶ　鼓動の高鳴り
恥じらうことなく　山のてっぺんから叫ぶよ
もし聞こえたら　この叫びに答えてくれ
もし聞こえたら　もう手放さないでくれ
恋しくなったら　そう言って　すぐ駆けつける
いつまでも　この髪と戯れてほしい
僕と同じくらい
君も本気でありますように
いつか彼氏と呼んでくれますように
「永遠に」とつぶやく君の台詞
それが真実なら　安心して
僕はいつまでも　君に誠実でありたい
Missing u

The Lucky Ones
ラッキーな人

５０年も前に惹かれ合った
二つの魂の話を聞いたことがある
出逢い
結婚して
永遠の絆を誓い合った
一人の男性
一人の女性
一つの愛
人生のストーリーが
幕を閉じる時
ずっと約束を守りつづけ
最後の日まで
寄り添い合った二人は
ラッキーな人と呼ばれた
いろんな試練を
どう乗り越えてきたのか
尋ねられることもあった
まるっきり他人どおしの魂が
一つとなって
半世紀も　一緒に暮らせるなんて？
昔　誓いあった約束
中途半端にしたり

諦めたり
気がかわったり
遠ざけたりすることは
なかったんだろうか
彼らはこういった
「毎日に変化があって
いろんな出来事や
シーンがありました
訪れることを
一つずつ　こなしながら
過去の出来事を
水に流して過ごしました」
そんな風に彼らが語る時
本当にたやすくやってきた様子が
手にとるようにわかるんだ
全然違うようでいて
とてもよく似た二人
彼は彼　彼女は女性
それぞれの個性を尊重する
愛情と敬意
けして忘れなかった
愛のオウラに包まれて
いつも繋がっていた
一日を終えて
パートナーが帰ってくると

喜び合い
ランチや 散歩の誘いは
いつも 笑顔で 大歓迎
たとえ些細なことでさえ
大切だった
これが ラッキーな人達の お話で
僕らの 目標なんだ
こういうこと 理解出来たら
きっと 僕らも 幸せになれる
でもふと現実に戻ると
理想の愛はそこになかった
人の世界を夢見ていただけだった
失敗もたくさんしたけど
学んだこともたくさんあった
たとえ恋してみたくても
相手が本気じゃなかったら
愛に溺れちゃいけない
そうしないと
真の愛 求めて
生まれてきた自分
忘れてしまうかもしれないだろ

Keep Us Warm
あったかくしてくれる

灼熱の夏の日のキス
nice
生涯の愛とめぐり逢えたら
本当に special
神の祝福
ソウルメイト
なんてステキな響きだろう！
ひょっとして僕が信じる
この人のことかも
もしそうなら
彼女に栄光あれ
また冬がやってくる
みんなをあったかくしてくれる彼女
いつまでも
そばにいてほしい

Last Night
昨夜

君が恋しいこのキモチより
よどみなく流れる川はきっとない
わかろうとしないで
Just love me.
Just love, love more
関係ないなんて　いわないで
明日　太陽は
この瞬間のように
僕達のハートに　降りそそぐ
僕がそばにいないと
人恋しくなるかもしれないけど
大好きなんだ
今　君の隣に横たわり
ずっと夢見てた花の香りに染まってく
愛　大事にして
心地いいうたた寝の中　育んで
夢　抱きしめて
いつか　羽ひろげられる日まで
応援してあげよう
そばで支えてあげられなくても
そんなに泣かないで

涙はあっという間に

ナイフとなって

僕達を傷つけてしまうかも

いつも愛が導いてくれますように

時と場所に

振り回されたりしない

水上を歩いて

泥中を泳いで

流れ雲だって吹きちらせると

誰かが言ってくれた

それが本当なら

ココロから

素直に

愛しあえる

きっと

Another space and time.

Beata
ビアータ

もう頭がくらくら
この瞬間　どう表現したらいい？
鼓動するたびに
全身を駆けめぐる熱い血が
君の名前　叫んでる
まるで天に育まれた愛に
とけてゆくようで
夢のようで
頬をつねりたくなる
以前つぶやいた『けして』というコトバが
また頭をよぎる
一刻も早く　一日が終わってほしくて
枕に頭うずめた夜
こぼれおちた熱い涙
偽りのない愛
心底　信じてるのに
なかなか巡りあえない
Hard Life
夢ばかり追いかけて
身勝手な理想に振り回されていたのかな
愛の道　忘れて
男が男　女が女と競いあって

まるで当然のことのように
過去を隠して　知らんぷりする
諦めろよ！と告げるドアに
ぶち当たったこともある
ゴーストのようにつきまとう愛に
震えてた　あの頃
二度と引き返せない扉を開ける所だった
でもなぜか振り返り
愛のチカラ
信じ続けた
人に吹き飛ばされた雲よりも
人間　言葉　法律よりも
ずっと　ずっと　愛は　パワフルな光
僕の耳元で「ただいま」と
彼女がささやいてくれた瞬間
カラダを突き抜けた　あの感覚
忘れられない
一目惚れで
それぞれの世界に　はじけ飛んでいった二人
離ればなれの日々
それぞれの想いや願い　拾い集めながら
積み木を一個ずつ　重ねて
築きだした　別々の世界
やがて歳月が花開く時
僕達が誓った愛が　本物なら

ついに完成した　積み木の家の扉は
君のために開かれる
今　君は　ここにきた
僕の目に狂いはなかったと思うと
本当に嬉しい
信じる限り
君はそこにいる
きっと来てくれる

Welcome my love.
これから訪れる永遠に
心置きなく寛いでほしい
それが捧ぐ愛だから
僕のもとで
ガラスのように繊細な心を休め
分かち合ってほしい
君らしくいて
永遠なる僕の恋人
すべてにそう誓います
僕を呼ぶ君の声を聞いた今

Forever after

By My Own Hand
自分の手で

この手で薔薇をむしってしまった
傷つけるつもりはなかった
でも罪を犯してしまった
心から彼女のそばにいたくて
一生懸命　抵抗した
でもアートが
かけがえのない人から　take me away
一日のはじまり　希望に胸ふくらませてた僕達
素晴らしい土地へ
翔ばたいていきたかった
でも最後の瞬間　アートに負けた
もうこれっきりかも
残ったのはアートと僕
遊び半分だったと
誤解されるのがもどかしくて
泣けてくる
そんなことない
僕なりに本気の人生
彼女を幸せにしたかった
僕の本心を知るのは
もう神様だけかもな

Roses are Red
薔薇は紅

薔薇は紅
すみれは蒼
こころの底から
いつも
あなたを
アイシテル

長い年月の中
積み重ねてきた毎日
何一つムダになってない
愛は粗末にするモノじゃない

届けたい　このキモチ
感じてもらいたい　あなたに
きっとあなたは
人助けだってできる
いつもあなたが愛で囲まれていますように
僕を恋人にしてくれますように
I do.

What I would do
なにしようっかな

もし今
さざ波が足をくすぐるような
波打ち際を歩いていたら
なにしようっかなって
回想にふけっていたところ
大空に　羽　ひろげる　鳥や
きれいな虹だって
時々
見える

そんな時
なにしようっかな
I would only wish to kiss you.
Just a thought

Sum water	水
Sum light	光
Sum love	愛
Sum life...	人生…
Sum flowers...	花…

I wish you Love
愛を祈ります

今日という日に　愛と平和を祈ります
このクレイジーな惑星に咲く
美しく　可憐な花　それがあなた
お母さんが誇りに思うような　ステキな人
嵐を乗り越えても
気品に満ちて　佇んでる
短い人生の中
あなたとオレがつながったキセキ
もちろん神様は　お見通しずみさ
こんな自分が　また人の温かみと冷たさを
感じられるなんて　ちょっと変な話さ
これといった答えはないけれど
あなたとの出逢いに　ココロから　ありがとう
素顔の自分　受けとめてほしい
オレのこと　考えるたび
シアワセになれますように
今　あなたの手を取り　あとで Kiss
Sweet, sweet lady I have found.
変わらないでいて
ずっと友達だから　いつまでも

Talk to me
俺に話しかけて

話しかけて　my Love
やさしいコトバで話しかけて
あやふやな昨日までの日々
許し合って
ありのままでいこうよ
人生ってまるで
始まりから　終わりまで
鏡と向き合っているようだ
たとえ昨日までの夢が砕けても
愛だけは生き残る
やさしいコトバで話しかけて
このキモチ　わかるだろ
憎しみとか
当たり前のコト
思いつめないで
俺たちを自由にして
Sweetie
キミの鼓動と共に
俺の鼓動　聞いてほしい
これまでも止まらない
これからも止まらない

Could it be U
ひょっとしてキミ？

ひょっとしてキミ？
友達
妹
恋人
まるで血がつながっているように
仲良しなんだ
たとえ時が早足で通り過ぎても
花の薫りに立ちどまる　こころは大切
夜中　ふと目覚め
廊下に鳴り響く
パンプスの音に耳を澄ます
キミのかすかなつぶやきに
俺は　いる？
なんだか気になるんだ　毎日
たとえ真実を掴んでも
これから待つ運命は越えられない…

Signed Flowers

Love them
彼らを愛して

この地球上で一番素晴らしいものが
愛だとしたら
安らぎよりも
ナイフでえぐられるような
気分になるのは　なぜだろう？
恋人に冷たくあたったり
相手を傷つけたり
無礼な素振り　みせたり
ウソついたり
ほったらかしたり
愛してるから
すべて許される
それは愛の道から
はずれてる
雲の向こうに揺れる　天国への階段が
足下から消え去りながら
固い大地に崩れゆく
たとえ「I Love You」とささやきながら
彼らが手を差し伸べても
顔　そらして
目　はぐらかして
新しい恋人の腕の中　笑顔するような

あなたの愛はつれなくて
どんどん　あなたは遠ざかってく
それは時として
たえがたい真実となって
これまでの人生の傷跡より
自分を傷つけてしまう
恋人の頬をつたう涙に
気づく？
You love them, right!
どうして彼らに
手を差し伸べる？
わがままな自分とか
キツいコトバとか
慎もうとする？
本気で好きなら
それ以上　彼らは　何も　知らなくていい
愛は…愛以下に扱うこと？
No.
それは俺の指先から伝わる愛じゃない
俺が信じてる愛じゃない
世界に愛が足りないなら
もっと自分を大切にしてあげよう
たとえ自己愛に辿り着こうとも

Just left
行ってしまった

ちょっと前に逢ったばかりなのに
どうしてこんなに恋しくなる？
君のまなざし
リズム
部屋を通り過ぎてく
満開の華々と
君のなごり　残してく
僕がいなくなっても
まだ心に見える？
雑音　消して
このハートの鼓動
聞こえる？

子供の頃から育んできた
理想の愛と信頼
人の世の彼方？
Can you believe?

Careless
ケアレス

巡りゆく時の中
あなたを思慕した日々を想うと
胸がうずく
哀しくても　力が尽きても
また立ち上がり
長い間　繰り返されてきた　あなたの過ち
見抜くチカラはある
生まれや　理念に　関わらず
僕達を思いやれなかったあなた
わがままで　ちょっと品がないと思う
僕達の足下に散らばるガラスのかけらさえ
気にしない
これからの人生の中
あなたにふさわしい愛を　見つけたらいい
僕達は別の夢を　胸に　生きてゆける
わかろうとしないでいい
理想と道を追いかけたらいい
頑固な自分　貫けたら
きっと　自分についてゆける
僕達のことは忘れて…
×××××

I love her
彼女を愛してる

甘い眠気に誘われながら
横たわる　彼女
とってもスイート
すやすやと眠りにつく
夢にまでみた僕の恋人

熱烈なこのキモチ
いつか君に繋がる？
僕の脳裏にくっきりと刻まれた
懐かしいあの頃
まだ胸にある？
甘えんぼのキミ
まだどこかにいる？

愛を探し求める魂たち
神聖な愛の物語を語り合う

ピュアなオーラに包まれて眠る彼女
I love her
今　それしか見えない
ふがいない自分　抱えて
横たわり

涙する時

恐れと怒りが

弾丸のように意識をかすめる

主よ！　この音を止めてください！

一生に一度は眠らせてください

I love her.

I love her. Please make her my wife.

How can I say more?

What more can love do?

愛が導いてくれるなら

どうか君へと導かれますように

それ以上　何もない

君は　また何かを

見つけられるかな

罪を超えて

いつも相手にベストを願う

それこそが真の愛

まるで無一文のように

自分の価値を見いだせなくなったら

どうするだろう？

でも君への愛は

この人生より尊い宝

Missed you
君が恋しかった

今日　とっても君が恋しかった
ホントに逢いたかったけど
叶えられなかった
短すぎる一日
きっと明日　また今度
Who knows?
君をひとりじめにしたくて
Crazy my heart?
愛の台詞　ささやきながら
永遠の約束を交わす
それは君の夢？　僕のファンタジー？
愛に溺れないで
恋に落ちたい
それはみんなの願い
今までの経験が活かされますように
君が本気でありますように
君を恋しく思うことがムダだったら
一体　どうしていいのかわからないから
ぐっすり眠って　my love
ココロから　感じてほしい
もし　そこに　僕がいたら

Be still
じっとして

もし愛が幻なら　let it be.
僕の魂はまだ見ぬソウルメイトのために生きてる
きっと彼女は待ってる
幸せな人生のレシピ
それは自分にしかつくれないマジック
一瞬の喜び欲しさで　誘惑に負けたら
本当の出逢いは　訪れてくれない
Be still and listen.
君を心待ちにするソウルメイトの声が
きっと　聞こえてくる
Try and feel it there.
待つ日々は　けしてラクじゃないけど
いつかソウルメイトに出逢えると　信じてごらん
もしあきらめたら　永遠にはぐれて
君のご褒美も　これっきり
Be still and listen.
きっと　ココロに住んでいるから
素直に生きていたら
いつか　ソウルメイトに　出逢えるから
So believe and have faith.
きっと期待に　こたえてくれるから

Spank Me
おしおきして

おしおきして
ボク　ちょっと悪い子だった
ビンの中のクッキー
ぜんぶ食べちゃった
まだまだ欲しい！
洋服ダンスに閉じこめてくれ
日曜日のごちそうのあとには
かならず逢いにきて
ボクがいることだけ
忘れずに
いつかボクを許しておくれ

性

Sex

10

Give Thanks
感謝する

夜中　あなたを夢見て
コチコチになってしまった　朝露を
ほぐしてく朝日を浴びながら
また別の朝に目覚める
ぽつぽつと滴り落ちる雫を受けても
まだあなたが見えない
ふと回想にふけると
忘れかけてた　あの頃がよぎる
I truly miss you my love
あなたもそうであってほしい
これからも　ずっと一緒に
シアワセな日々　過ごしたいから
あなたを招待させてほしい
一日にありがとうって感謝して
ココロのふれあい
感じ合いたい
二人でひなたぼっこしてる時
ひゅっとあなたの首をかすめる　そよ風以外
何も　あなたを　せかさない
My love　今日という日を共に過ごして
Let's give thanks.

Sharing
わかち合い

自分を人とわかち合う
なかなかムズかしい
デカい世界に感じる　事件と危険
信じられないような出来事が　潜んでる
そっとココロの扉　開きながら
母親でも　親戚でもない人を　Trust
穢れてしまうかもしれない　Kiss
ココロからわかち合いたい
お人好しにならずに
人を信じたい
ココロの声に
素直になれたら
本当のキモチ
伝えられる？
たとえうまくいっても
またしくじるかもしれないけど
まずトライしてみたいんだ
ずっと一人でもいいなら
関係ない話だけど

Say babe
言ってベィビー

今日の空　何色？
サイコーに　碧い空？
暗闇にも太陽が輝いてる？
頭からつま先まで温もりに包まれてる？
こうしてペンを取りながら
Love と Peace を叫ぶこの声が
全身にこだまする？
キャンドルライトに照らされながら
君を思慕する時のように
僕が恋しくなる時　ある？
バラの花びらに囲まれたバスタブで
永遠に触れ合う時間
You
Me
Family
一つになって
僕達を祝福してくれる
神聖な愛のカタチ　伝わってくる
君に出逢えて　最高に幸せ
my love
大好きなんだ

澄んだ君の瞳
見つめられないと
涙も浮かぶ
手を伸ばしても
君に届かない
君から天国に通じる
甘い花の薫りもない
この暗がりに満ちた時が
愛の復活を許してくれる日まで
儚く　今　消えてく
秒刻みで
涙がハートを打つ
一時間過ぎるたび
体が麻痺して
動けなくなる
毎日離ればなれなんて
胸がはりさけそうになるから
一刻もはやく
僕のもとに戻ってきて
プリンセス
君がそばにいないと
人生すら無意味にみえてくるから

Your love forever

Nothing...
何も…

ここからスタートしてみよう
何かできるかもしれない
This is not fair.　No!
やめてくれ
どんな言葉も　オレのコトバ　語れない
じっとみつめ合って
お前の瞳に映る以上のモノ　見つけてほしい
とっておきの笑顔をあげよう
I love You.　永遠に
I said forever!　本当だとも
こんなこと書かないでくれ
No!
今こそ眉間に刻まれたシワを
しっかり読んでくれ
問いかけがちのお前には
ムズかしいかもしれないけど
What?
でも時々　最も美しいことって
お前の瞳
じっとみつめて
見とれてること…

Faith Alone
信じるだけ

あなたが他人なんて本当？
昨日までの日々の中
一度も出逢えなかったなんて？
コトバなんていらない
お風呂に浮かぶフレッシュな花びらが
笑顔をわけてくれる
あなたのKISS
とびっきりソフトな真実
そう思えるのはなぜ？
今まで出逢えなかったなんて？
ずっと一人ぼっちで
別のパートナーとダンスしながら
お互いを探し求めていたのかもな
すぐそこにいるのに
なかなか近づけなくて
憤りばかり　募らせていた
目をつぶると
しなやかな曲線美が
鮮烈によぎる
世の中を変えられない自分に
涙する面影が見える
真の愛や　迷いは

ハリウッド映画の世界だけと
問いかけたくなる
キモチがわかる
あらゆる身分の人々を断りつづけ
『たとえ一生かかっても　永遠に待ち続ける』と
理想を語る台詞も
ハッピーエンドの望みも
あきらめかけていた
今まで出逢えなかったなんて？
どうして人生は
こんなに待たせる？
まだ見ぬ何かを待ちこがれ
幾冬も通り過ぎていった
まだ見ぬ誰かを夢見て
信じる気持ちだけが　心の拠り所だった
いつかこの声が
あなたの胸に届き
また結ばれる日を心待ちにしていた
もしこれまで出逢ったことがなかったなら
きっと　こんなこと　思わない
嵐の中　愛し合いながら
そっと目をつむる
あなたを見つめ
お互いの腕の中
ぐっすりと眠りにつく様子が

色鮮やかに甦る

そしてあなたも

きっと一緒だと思えるのはなぜ？

僕達を解き放ち

一緒になれる魔法があるなら

なんでもいい

この祈りだけは　変わらない

あなたを失うことは

肺から息を抜き取るようなもの

空気すら感じずに

この世に麻痺して

自分のために花を摘むようなもの

もし僕達がめぐり逢っていなかったなら

あらためて

自己紹介させてほしい

永遠に

For I miss
恋しいもの

あなたの香りが
恋しくなる
胸を撫でる
手のぬくもりが
恋しくなる
これはただのファンタジー
それとも風のせい？

Dinner
夕食

二人の夕食のひと時
一口一口に
おいしさが膨らむ
時に流されて
仕事に埋もれて
やけにもたついて
充たされない時もあるけど
こうして笑い合って
素敵なあなたにほっとして
『それはいつ?』というまで食事をするのが
サイコーに楽しいんだ
地平線の向こうに沈んだ太陽が
また新しい朝を照らし出す時
甘美な葡萄をわかち合おう
その時こそ
ほっと心安らぐひと時が
花ひらく

So let's eat!

Morning
朝

キミの寝顔
本当にキュート
ごろっと寝返りをうちながら
ピュアな真実と
サンシャインに目覚める
おはよう
僕の恋人
今日はサイコーの日だよ
僕たちのやさしさと
喜びを待ち望んでる
窓の外で口づさまれる
天の調べが
今日という日を
歓迎してる
彼女はキミのもの
キミは彼女のもの
この瞬間
抱きしめて
まっすぐ　前をみて
生きてゆこう

涙

Tears

11

Own Tears
自分の涙

そっと目をつむり
暗闇に潜む自分に気づく
窓もなく
出口も見えない
音もなく
風もない
ただ暗闇だけ
すると突然
静けさの狭間をすり抜けてく
微かな音が聞こえてくる
音はどんどん大きくなるのに
どこから来るのかわからなくて
頭がパンクしそうになる
すぐそこまで音が近づいてきた時
初めて気づいた　頬をつたう涙
たった今まで暗闇に鳴り響き
自分をおびやかしていた音は
涙が床に落ちる音だった

Love your Heart
あなたのハート　愛してる

あなたのハート　愛してる
彼女がそういってくれた
ピュアな感じがする
ずっと一緒にいてくれる気がする
戦争に反対して
昨日までの悪いニュース
水に流して
いつも愛し合える
もう人に利用されたりしない
この愛を信じて
人として　愛し合いたい
あなたの涙　見たくない
そばにいてくれるだけでいい
あなたのハート　愛してる
彼女がそういってくれた
だから僕　いつも君に　I love you
まっ暗な部屋さえ
お花畑になれる
これまで
ツラいことも
たくさんあったけど
もう遠い過去のこと

これからは　この愛　抱きしめて
生きていきたい
Love, and then love more
あなたのハート　愛してる
彼女がそういってくれた
また走り出す
勇気をくれる
そのコトバが信じられなくなった今
本当にツラいけど
Still waiting for love.

Faith
信仰心

悲しみが先走って
まだ抜け出せない
サインは見える
旅路の果てにあるモノも見える
そこまで辿り着いたこともあったけど
心底　揺さぶられることはなかった
もう泣かないで
情にも流されないで
強くなろう
そんなコトバが
ここまで心に響くとは
思ってもみなかった
大好きな人と過ごす快適な空間
仲間同士の絆
ルールはいらない
抱きしめた瞬間に鼓動する
もう一つのハートのために
素直に　フェアでいる
それが一番大事なんだ
失敗もたくさんしたけど
このハートは

いつかめぐり逢える人を夢見て
高鳴る
恋のゲームに
愛の保証はない
まだ納得がいかないんだ
雨に響く涙のように
そうじゃなくてこうさ
あのデリカテッセンのごちそうを
食べたくなる衝動さ
輝かしい日々の希望を胸に
成長してく
明日また　大きく深呼吸して
しっかりとサインに向きあう
それが大切なんだ
これからも友達でいられるかな
不安もよぎる
すべてハッピーエンドのおとぎ話を
信じてた
でもこれからは
この結末に　幸せ感じて
進んでく
愛はなかなか信じられなくて

Someplace

The Dark
暗闇

明日はどんな日？
どんなカタチ？　どんな色？
肌寒くて　雨の日？
温かい日だまりが輝いてる？
風をわかち合う人達は
大地を守ってくれる？
花園を枯らしてしまう？
So what?
真実に許された　願いを愛する
暗闇の中　俺が見える？
愛のマジック　覚えてる？
ただ前を通り過ぎ
彼女が追いかけていた幻影だけが残りそうで
不安になる
誰が彼女をせめられる？
どんなに純粋なココロでも
日々の生活に
疲れてしまう時だってある
これからの日々　乗り越えて
いつか彼女に見つけてもらいたい
もう暗闇の中　彷徨いたくないから…

Don't give up
あきらめないで

まったくひどいよ
oh sweet love
俺の心の扉
こじあけて
薔薇の香りを甦らせるなんて！
まったくひどいよ
暗闇でかくれんぼしてた愛
お日様にみつかっちゃった！
君の胸元で寛ぎながら
やわらかな君の手に
そっとキスした　あのトキ
俺の目を盗み
カレシと呼んでくれた　あのトキ
君の名前を知りたくて
まだ迷路の中
まったくひどいよ
いつか去ってしまうなら
もう愛さないでくれ
愛さずにはいられない自分がツラい
雨の中　佇む君
また一人になった自分
まったくひどいよ

my love
もう耐えられない
暗い穴に落ちてく
恋もしたくない
手をつなぐ花もない
夜中に散歩する砂地も
俺の足元ではしゃぐ子供たちも
蝶もいない
きっと心が弱すぎた
まったくひどいよ
my love
もう二度と恋心を
明かさない

What a stupid game.

Promises
約束

Oh, please help me Lord,
今
どんどん見えなくなってく
花はつたから散り
冷たい風が
こころを吹き抜ける
Oh, what life can do.
家にとじこもったまま
まだ 『涙』
あの魔力にみちた愛
ハッピーエンドに
別れを告げながら
遠ざかってく

Hearing Heals
ヒールの音が聞こえる

夜中　目を覚まし
昨日に手を伸ばす
キャンディーアップルのランジェリーと
ルビーレッドの唇
廊下を歩くヒールの音が聞こえてくる
ぐんぐん飛ばすボートと
スリリングな飛行機に乗って
甲高く笑う声が聞こえてくる
夜中　目を覚まし
ウソで固めた昨日に手を伸ばす
彼女のさりげない仕草
時々　恋しくなる
ちょっとした小物と
外国からの手製のせともの
キャンドルに灯されたお風呂
どれくらい輝き続けるかな
彼女の背中に靡く黒髪のカールを見つめながら
ずっと一緒にいれたらと
夢見たキモチ
忘れられない
今頃　彼女　どこにいる？

夜を彷徨う？
地の果てにいるかのように
熱く　涙する？
僕のこと　思う？
ついこの間
彼女と話した
潤んだ瞳で
まだ愛してるとささやいてくれた
廊下を歩くヒールの音が聞こえてくる
ふと目を開けると
まだ暗い
夢だった
ただそれだけだった
まだ昨日の夢に目覚めるんだ
想い出が眩しすぎて

Matters not
関係ない

こころのすきま風　とめられない
この心苦しさ　きっと彼女には伝わらない
人それぞれの人生だから　関係ない？
終わることのないシアワセを約束してくれる
素敵なプラン　信じてた
でも過ぎゆく日々の中
それぞれのこころ次第の愛にきづくと
苛立ちかくせなくて
強がってしまうから
神様　一日もはやく　彼女のこと
忘れさせてください

こころから愛して
山のてっぺんから　大声で叫んでも
切なすぎて　一日中　泣き明かしても
愛する人に　届かなかったら
意味がないんだ

神様
これ以上　意固地にしないでください
この憎しみをどうか取りのぞいてください

すべてがうまくいって

ココロのぬくもり

感じられますように

Where do we go
オレ達　どこに行く

これまでどこにいたんだろう？
夢はどこにいったんだろう？
愛を誓い合った心に
憎しみや怒りが
駆け抜けてゆくのはなぜ？
今までガンバってきたこと
ムダだった？
ひょっとして
また恋に敗れた？
どうしたら　学べる？
どこに行けば　見つかる？
あてのない旅
オレの宿命？
最後の時まで
子供たちと過ごせる日々に
満足しながら
生きていけたらいい？
君とうまくやっていきたかったから
自分なりに一生懸命やってきたから
むなしさが募る
本気で恋して
いつも同じもの　捧げてきた

もしかすると
甘えすぎた？
要求しすぎた？
すべてを見過ごすべきだった？
I don't know.
君への愛と　重ねた月日
その結末に　今　慄えてる
これからは　自分の弱さも
すべて　抱えて
いつわりのない真実に
忠実でいたい
それが君が信じるコトだから

Never Over
もう二度と

目を開けて
太陽を隠す影を見つめてごらん
気取り屋さんにココロを開いてごらん
迷路を抜ける道
いつも自分の足元にある
あなたの信念や　夢のそばに
道はある
すでに決まってること
なかなか変えられない
受け入れられない
拒めない
It is not your choice.
You have no control.
もし通信簿でオール5をもらったら
もうお母さんにおこられたりしない
自分ができること
すべて果たして
完全燃焼したら
もう傷つかないでいい
みんなにも認めてもらえると
思うかもしれない
Don't be surprised.

驚きを隠せなくても
苛立ったり
無茶なことしないで
たとえどんな時でも
河は流れてく
自然の力に逆らってでも
筋を通すことが
強さだとは思わない
この痛み　表現しきれない
これ以上　泣きわめきたくもない
でも生きてゆこう
I know how.
もう一度　自分　見いだして
一歩ずつ確実に進んでゆこう
これまでの教訓を胸に
いつもサインを
大事にしていこう
ひょっとして
痛みも悪くないのかもな
本当の自分と
そのルーツを
きっと教えてくれるから
いつか翔ばたく日に

Got to fly
行かないと

Goodbye my friend
もう行かないと
ついに訪れたこの時が
こんなにツラいなんて
涙しながら
心のキズ
噛みしめる
最愛の人
つれなく背をむけるのも
もう　これっきりかもしれない

遅刻して見れなかった
深夜の映画もおしまい
いつも最初のデートのように興奮した
sugar soft kisses もない

時として
愛に走りすぎた恋人達は
抜け殻のようになってしまう
行き先すら見えなくて
溢れ出す　希望と涙

そんな時こそ　タフでいこう
元気に胸はって　進んでいこう
my friend

Love, love more
心に刻んで
愛から逃げないでいこう

ゆっくりと訪れる死は
ツライ
永遠にそばにいてほしくて
キミのすべてになりたかった
いつまでも

Sometimes
ときどき

みんなのために
こんなにたくさん空気があるのに
ときどき　息苦しくなる
太陽の光が降りそそいでいるのに
やけに暗い時もある
はしゃぎ回る子供達のココロは
とても朗らかなのに
ときどき　やけに冷たい
ときどき　大切なコトって
信じること

惑星

Planet

12

Who Are You
あなたは誰？

Who are you?
あなたをカタチづくるモノ
何だろう？
向こうの部屋から聞こえてくる
子供の泣き声に気づく？
見知らぬ世界で
飢えを凌ぐ人達が見える？
お年寄りとふれあう瞬間に
感じることは何だろう？
お金を使うつもりが
お金に費やされてしまう？
新しい世界のために
立ち上がる人は
誰だろう？
違いを生みだせる人
もしかして　それは
YOU？

Harvest
収穫

これからの明日のために
またチョイスする瞬間がやってきた
子供達のしあわせ
いつも願ってる
跡づさりしたら
行き場のない扉に
辿り着くかもしれない
終わりのない人生の挑戦が
今の自分と向き合わせる
ありきたりな行動と
戦いながら
キミを傷つけてしまうような
振る舞いを
許してしまうこともある
どうして情けを求めない？
どうして苦い涙を流せない？
ずっと土を耕し続けたら
自然に芽が出る日
誰だって待ち遠しくなる
カラフルなお花たち
それはガンバッてきた僕達への贈り物

暑い季節が
またしんしんと寒くなって
風向きが変わる頃
今までずっと耕してきた庭を眺めながら
祝杯を上げたい
その時こそ
きっと待ちに待った収穫を
みんなでわかち合える

Home
家

今日を共に過ごせる人々の笑い声が
通りから　聞こえてくるのっていい
誰にも気兼ねしないで
喜びはじける笑い声が
廊下つつぬけに　聞こえてくる
ずっと夢見てた　故郷への旅立ちを
目前とした今
あの　素朴な　笑い声が　胸に響く
お金や　地位に
とらわれないで
同じように　苦労　重ねて
尽くしてきた人々のために
いつも　笑顔の　贈り物
きっと今だからこそ
いつも　見過ごしてしまいがちことも
笑顔でうけとめながら
巣立っていった自分達を
見つめるべきなんだなあ

More
もっと

もっと
サンシャイン
もっと
虹
もっと
潮騒
もっと
蝶
もっと
愛
もっと
感情
もっと
信仰心
もっと
子供
もっと
ココロ

Our air
僕達の空気

風が吹いてる
太陽のシャワーを燦然と浴びて
あったかいトキもある
つれなく吹き抜ける空っ風が
やけにつめたいトキもある
世界中を駆け巡り
みんながシェアする　One love　One air
世界中を旅する風　巡りめぐって
はじまりの場所に戻るのかな
時々　不思議になる
きっとこの甘い香りが恋しくて
みんな　分かち合っていくんだな
時々　人も風のよう　本能のままに動き
やがて原点に辿りつく
風が奏でる笛の音
聞こえる？
ちょっと前まで別な人と過ごしていた風が
また別な人の吐息となる
風の中の空気か　空気の中の風か
それはミュージックという笛の音に乗って
還ってくるんだ

Start today
今日からはじめよう

今日に縛られてる
前が霞む
正しい道　探してる

Who has the answers?
Any words for me?

愛とハーモニーが輝く大地に
通じる道
ハードなのはわかる
でも諦めないで
絶対できる
いい方向に進んでゆこう
もっと有意義な人生にしよう

もっと成長していける
心得もある

人として
睦み合い　今　ここに集おう
Please start today.

Ever so clear
かつてない程クリア

生まれてまもない頃
進む道がわからなくなって
信じることを諦めた人々の中にいる
自分はありふれた人間と
謙遜する人々
この国にも数知れない
夢のまた夢　追いかけて
もっと格好いい人生にしたい
もっと高くジャンプできる
新品のテニスシューズも欲しい
飲み過ぎの酔っぱらい
「気にしないでママ　違うよパパ」
そんな台詞を口にする子供達
給仕される前に息が途絶えてしまうかもしれない
流れ作業の列の中
檻に入れられた動物のような気分　感じて
もっと広くありたいのに
うまく表現出来なくて
投げやりになってしまう
希望の光も
迷いが渦巻く雲間の向こうの光も
まだ遠い

今日　涙は見せられない？
現実は変わらない？
大切な教えを伝えてくれる
人生の大先輩達
きっと元気でいてくれると思う
本というカタチではなく
長い年月をかけて
失われた活力と
子供達の遊び場が消えつつあること
受けとめて
語り継いでいってくれると思う
大先輩達の話に
耳を傾ける人
もういない？
それとも大先輩達は
人々に届かなくて
分かってもらえなくて
関心すら持たれない話をすることに
飽きてしまった？
このストーリーでサバイバルできる人は
僅かかもしれないという
妄想に疲れて
失望の日々を送る人々の幻影が見える
洞察力が鋭い自分の目に映る
やがて　時が流れ

子供の面倒も　他人任せになって
サクセスストーリーより
なにか別の物語が
語り継がれていくような気がして
不安になる
このクレイジーな土地を
何年も前にあとにした自分を
不思議がる人もいる
かつてない程クリアに見える　この瞳に
哀愁のメロディーに彩られた
真実が見える時
涙も浮かぶ
これまでのことや
多くの母達が感じた苦労より
ずっと素晴らしい何かがきっとある
立派に成長した子供が
たくさん親孝行して
両親が築き上げた生活より
いい暮らしを約束してくれると
信じたこともあった
でもクールエイドの最後の一滴まで
欲しがる子供達は
ますます母の世界を歪めてしまう
メッセージを伝えてくれる人は
誰だろう？

イチジクの木の葉を見つけて
ボク達に届けてくれる鳩
人のこころに響く声と
試練に打ち勝つ信念を持つ人は
誰だろう？
それはひょっとして
Me
そして
You
もしもそうなら
僕達が歩む人生は
新しいストーリーを
語りはじめる？

Funny
おかしい

時々　すごく　funny
もっと大きな世界を夢見て
煉瓦を一つずつ積み重ねながら
人々が世界を築いてく
テレビを見ながら
明日のプランを立てて
おとぎ話を現実に叶えてく
人が支配して
人が作って
人が破るルール
また一つ　足かせがふえるようさ
もしみんなのために
ルールを作ってくれるなら
縛られるようなルールじゃなくて
ついていけるようなルールにしてほしい

Dirty Streets
汚れた通り

Dirty Street
人の穢れ
これ以上　耐えられる？
すべて燃やすべきなのか？
過去に降り積もった泥を清める
天の洪水は正義？
かなり先の世界を想像すると
最後の日の自分の幻が脳裏をよぎる
心が痛む
僕達みんなのことを想うと
時々　心細くて　Tears
不透明な明日
子供が心配
土地を守る基本的なルール
どうなったんだろう
お金で作られた
コンクリートジャングル
僕達を遠ざけてしまう
明日が見えない人々の目に
失望が浮かぶ
裕福な人々の笑顔にも
なかなか出逢えない

そこに辿り着くために
夢　Forget
気づかい合う人々にも
あんまり出逢えない
別の世の中では
奴隷制度が残っているところさえある
洪水も通りを洗礼できないと思うと
不安になる
幸福な人々の姿が霞んでみえる
これからの時代を生きる子供達の幻が揺れる
でも　きっと彼らは希望の星
Maybe, at least in one,
Who knows?
たとえ何があろうとも
毎日を大事に
生きていきたい
永遠に
僕にできることは
精一杯こなして
もっといい人になれるよう
努力したい
それが　Good
納得いかないこともあるかもしれない
でも誰かの手助けになれるかもしれない

本当にちょっとした変化が
子供達が
青空　見上げ
輝かしい太陽を仰げる日に
繋がってく
たった一つだけ
僕のお願い
聞いてもらえるなら
キレイな通りを祈ります
みんなが
学び合い
励まし合い
向上し合い
もっとわかりあえますように

Amen

Be Counted
一員として

キミの立場から
緊迫感に満ちた眼差しで辺りを見渡す
ピュアじゃない気がして
まだ空気を信じられない
知り合いだから　友達で
ブラザー通しの家族だから
辛辣な言葉も許し合う
周りの人の目に映らないから
ゴーストのように
人の横を通り過ぎてゆくこともある
心温まる日だまりに満ちた日が
また訪れてくれる時まで
永遠に祈りつづける
山の頂きに　一人　裸で立ちすくむと
ふとした疑問にかられる

ドアのすき間から訪れるいかなる出来事にも
剣を抜く覚悟もある
このゲームに悔いはない
みんなそれなりに真剣だから
ありきたりの台詞のために

目撃者はいらない
誰も傷つかなくていいなら
そんなこと　起こらない
明日になったら
もっといろんなことが
これからの人生に訪れると
心得ていたらいい
たえず回り続ける惑星は
永遠に成長してゆくから
僕達は本当にゲスト
でもあんまりいい客じゃないから
時々　ブルーな気分になる
方向転換していかないと
せっかくの招待状もなくなって
ここにいられなくなるかもしれないと思うと
心もとない
これだけは風に舞う砂より確かだから
もっと　もっと　自分　磨いて
心の準備していこう
一人　一人　大切な一員だから

Oneself
自分自身

この惑星に　一人　裸で生まれてきた
この街角　コミュニティー　近所で育った
　　幼少時代と愛　離れがたくて
口懐かしい味と　小学校時代の幼なじみと
　　ここに居る人もたくさんいる

　　ここより　あっちの方がいい
　　　それはきっと心次第
　　　星が空の果てを目指す時
　　　月も　愛も　忘却の彼方
　　そんな台詞　語る人はいる？
　　　チャンスをものにする瞬間
　　　　たとえ揺れ惑っても
　　　　自分　信じてあげよう
明日に向かって　笑顔で　進んでゆこう
　　I know I can.　I think I can.
丘を昇ってゆく電車がそうささやいてくれた
　　　　すべての答えは
　ココロとキモチの中に眠っている
　　すべてのトビラを開ける鍵
　　いつも自分達の中にある

Our Mother's Child
母の子供

あんまり考えこむなよ
世の中を動かそうなんて力まずに
自然にいこうよ
きっとみんな
なにかできる
ほんとのところ
山だって動かせるチカラがある
変わりばえのない毎日でも
何かは　必ず　動いている
キミは世界中で
一番　美しい子供
誰にもキミの代わりはできないから
自分
見失わないで
神様はキミを忘れてない
キミを置き去りになんてしない
たとえ思いどおりにいかなくても
信じるキモチ
大切にしてあげよう
キミは頭上に星が輝くような
特別な人
栄光への道を

照らし出してくれる
時とともに学ぶ痛み
ココロを灯してくれる愛
いつか
きっと
クリアになる
お母さんから生まれてきた
自分
見失わないで
くじけないで
進んでゆこう

それが
やがて
ステキな道になる

Closed doors
閉じられた扉

キモチの整理がつかなくて　イライラしてしまう
閉じられたクロゼットの扉の向こう側
ひっそりと　潜む願い
今日　抱える問題や
明日　煌めく虹を超えて
I am no object, no matter, no man.
人がしいたレールは進まない
薄情な行動のマネもしない
OH LORD　どうか正しい道へと導いてください
Love, love more　遥か彼方のよう
自分の壁の中
いつもハーモニーに囲まれていたい
テレビや戦争を越えて
世界中に平和と一つの愛を祈り続けたい
毎日　お祈りを捧げ
もっと充実した人生を送れますように
みんなが人生の果実をわかち合い
心ゆくまで太陽の日差しを浴びられますように
グローバルな連帯感　家庭内に友達
パートナーに愛　Love, love more
キミにもきっとわかる

Senseless Murder
無分別な殺人

今　見開かれた僕の瞳
Senseless murder が
自己破壊をもたらす現実を知る
夜　眠れなくなるような戦争が
もうじきやってくるかもしれない
この先に潜む暗闇から救い出してくれる人は
本当に僕かだから
もう手遅れかもしれないけど
みんなのココロに宿る　清らかな愛に
導かれてゆこうよ
憎しみなんかじゃ壊れない
新しい救世主
新しいメサイアが
ココロときめく色と
透明感あふれる道を
きっと見せてくれる
僕の役割　胸に抱きしめ
献身的な誓いを　力一杯叫ぶよ
通りや世界を渦巻く
Senseless murder を変えるためにも
全身全霊を捧げます

かつて見た蒼色の涙が
今　熱き血となる
愛と平和を世界に広める一戦士として
生涯　歩んでゆきたい
明日　起こりうる試練を超える強さを
僕の瞳に授けてください
どうか僕の罪をお許しください
Our children must be allowed to grow.
Our children must be allowed to grow!
世間色した風の向こうで
彼らはきっとチャンスを掴む
and they will!

Planet Round
巡りゆく惑星

ゴールデンブリッジから辺りを見渡すと
凛と天空を貫く塔や
長い年月を経て　水が象った
石灰石の穴が見える
大海原が
遥かなる土地と
夢溢れる世界へ拓けてく
こうして自分の家を眺めていると
将来の夢が膨らむ
指折り数えられる日々が揺れる
この大きな世界には
人の夢の邪魔をすることに
喜びを感じる人もいる
独立記念日を煌めかしながら
情けのかけらも感じられない自己破壊を
ハリウッドが格好よく Play
辺りを見渡しながら
ふと想う
何年か先も
相変わらずの日々が綴られてく？
孫達は Happy?
Will we be able to survive all this?

人が人と追いかけっこしながら
人々が築いたビルを Destory
何かいいことや　宗教や　神様のために
人が花を枯らしてしまう
We are scary.
怪獣映画よりこわい
このままじゃまずい
だからこそ
今までの間違いを
みんなで正していこう
末永く幸福な人生を送るためにも
家族
友達
恋人達
みんなが一つとなって
成長してゆこう
たとえ一度でもいいから
この惑星を
素晴らしい時代と巡りあわせてみたいんだ
It is our only hope.

Heart Touch
ココロのふれあい

今朝　目覚めると
静止しているように宙を舞いながら
翔ばたくハミングバードに
出会えた
甘い花のつぼみよりも
とびっきりのごちそうがあったように
上機嫌
元気よく手を振るように
翼をパタパタさせながら
Good Morning friend ってさえずってくれたトキ
降りそそぐ朝日を
翼いっぱいに浴びて
光輝いていた
もう起きて　一緒に遊ぼうよ
たわわに実る果実と
自由にそよぐ風　みてごらん
新しい命がそこら中に芽吹き
たくさんの笑顔が花開く
おいで　my firend
もう泣かないで
ほんとうにステキで
才能にあふれるキミのこと

みんな　誇りに思っているから
大きく翼を広げ　高く飛べないトキ
ツラい道のりに見えるかもしれない
でもキミのように翔ばたける人はいない
みんな　ちゃんとわかっているから
本当の自分　出せないまま
立ち上がらなかったら
大切なキミの愛が
崩れゆく人の渦中に
埋もれてしまう気がして
不安になる
おいで　my firend
僕達が手助けしてあげる
自分のココロ　じっとみつめて
本当の自分　みつけてごらん
ホラ　もうそこにいるだろ
自分ばかり責めて
もっといい生活を夢見る毎日の中
雲がくれしたキミの太陽
ちょっと見えヅラいかもしれない
でもキミの太陽はかつてない程
キラキラと光輝いてる
ぐんぐんと雲を突っ切って
その向こうまで飛んでいったトキ
はっきり見えたんだから

間違いないよ
おいで　my friend
僕達と手を繋いで
遠くまで　翔ばたいてゆこう
みんなの訪れと笑顔
待っているから
Love
覚えてる？
Peace
きっと叶う
Happiness is your gift.
忘れないで
若かった頃にはちゃんとやれたんだから
もちろん今だってできる
ひょっとしてキミの翼
ちょっと元気がないかもしれないけど
キミに宿る愛のパワーが
もっと遠く
もっと高く
太陽に向かって　走り出させてくれる
さぁ　身支度をして
目から朝露を振り払おう
自分の魅力　そのまんま活かして
自分らしく輝ける時代がやってきたんだ
もちろん生きている間に叶うんだから

it is good.
本当に素晴らしい人と
信じてるから
いつもキミのそばにいる
キミだって
ココロの奥で　ちゃんとわかってる
さぁ　一緒に　元気よく　翼　広げ
涙　乾かそうよ
愛の証として
Kiss
素直なキミへ
Flowers
キミのチカラとなる
ココロのふれあい
真心こめて
ここに送ります
準備　できた　friend?
Good　その調子
さぁ　翔ばたこう　今
輝かしい未来へ向けて
Now let us go and fly...

Thank you for sharing your time and reading my book.
May it lift your spirit and remind your heart to always care.

Made with love,

Keno Mapp

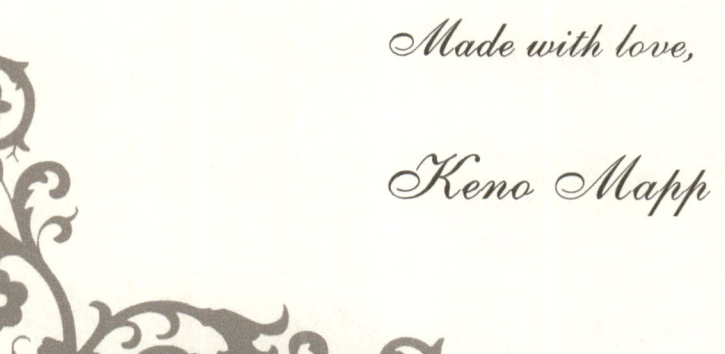

www.ingramcontent.com/pod-product-compliance
Lightning Source LLC
Chambersburg PA
CBHW020643300426
44112CB00007B/217